Heimat im Weltall – Sprituelle Orientierungen

Reihe: gott-leben-beruf
Schriften des Institutes für berufsorientierte Religionspädagogik Bd. 3
Herausgegeben von Albert Biesinger, Gerhard Braun

Impressum

Herausgeber
Institut für berufsorientierte
Religionspädagogik
Liebermeisterstraße 12
72076 Tübingen

Albert Biesinger
Gerhard Braun

© 2006,
Alle Rechte vorbehalten

Kontakt
Telefon: 0 70 71 - 29 - 7 40 49
Telefax: 0 70 71 - 29 - 51 81
E-Mail: info@ibor-tuebingen.de
Internet: www.ibor-tuebingen.de

Gestaltung und Satz
Andrea Braunberger
www.twob-gestaltung.de

Herstellung und Verlag
Books on Demand GmbH,
Norderstedt
Printed in Germany

ISBN 3-8334-4392-8

Die Deutsche Bibliothek –
CIP-Einheitsaufnahme

Inhalt

1.0

[1] J. Tanriverdi:
Reinhard Furrer.
Das Summen
des Universums.
Ein Astronautenleben.
Frankfurt a.M. /
Berlin 1995, 25.

„Aber auf das Weltall war ich überhaupt nicht vorbereitet. Da alles dunkel ist, gibt es kein Foto davon. Und ganz plötzlich sieht man die Unendlichkeit, die Leere, das All. Und das lässt sich nur schwer beschreiben. Der Eindruck ist Schwarz, Weltraumschwarz – und das ist schwärzer als die dunkelste Nacht, die Sie auf der Erde kennen."[1]

„Papa, warum kommt man überhaupt auf die Welt, wenn man eh wieder sterben muss?"

Die Frage des 13jährigen Jungen ist eine intelligente und tiefgründige Herausforderung. Wo waren wir vorher? Wo wir jetzt sind, wissen wir – aber auch nicht so ganz. Wir wissen nur teilweise, wie die Erde im Weltall vernetzt ist – im Weltall, das voller Geheimnissen ist, die wir noch längst nicht kennen. Wir wissen nicht, warum wir derzeit nicht in anderer Weise Gottes Geschöpfe sind, sondern materielle Geschöpfe – Geschöpfe Gottes unter den Bedingungen von Materie: mit ekstatischen Höhepunkten – mit Klageschreien und Todesqualen.

Dass Gott der Schöpfer der materiellen Welt ist, ist ebenso eine Option wie die Option, dass es keinen Gott gebe und er damit auch nicht der Schöpfer der Welt ist. Wenn aber Gott der Schöpfer ist, dann sind wir auf dieser Erde verankert und gründend in ihm selbst verwurzelt. Dann müssen wir keine Angst haben, dass diese materielle Welt dem Zusammenbruch entgegengeht, dass die eines Tages ausgeglühte Sonne alles Leben auf dieser Erde abtöten wird. Dass dies so kommen wird, ist nicht zu bezweifeln. Aber um so mehr stellt sich die Frage, wer wir dann noch sind: Vergangenheit oder in Gott gegründete immerwährende Gegenwart.

Wir sind Teil des Weltalls

Wir sind Teil des Weltalls. Unser Leben kommt aus evolutionären Prozessen. Wir können davon ausgehen, dass die Erde ungefähr 4,5 Milliarden Jahre alt ist. Die ersten Spuren von Lebewesen stammen etwa aus der Zeit von 3 – 3,5 Milliarden Jahre. Das ist im Blick auf die ca. 20 Milliarden Jahre des Weltalls insgesamt ein relativ kurzer Zeitraum. Wir können weiter davon ausgehen, dass sich eine innere Struktur festmachen lässt, die uns hervorbringen konnte. Zum einen kann dies als Zufall der Evolution verstanden werden. Aber dann ist die Frage zu klären, wer die Bedingung der Möglichkeit dieses Zufalles ist: Gott oder nicht Gott.

Dass wir Menschen spezielle Systemeigenschaften haben und mit diesen intensiver ausgestattet sind als andere Lebewesen, gibt uns zur Aufgabe, uns selbst zu verstehen und zu deuten:

Von der jüdisch-christlichen Tradition aus ist der Mensch Ebenbild Gottes. Gott hat sich in die Welt und den Menschen als Gegenüber hineingegeben. Schöpfung ist – so die biblische Interpretation – von vornherein darauf angelegt, dass der Mensch entsteht. Es ist nicht auszuschließen, dass eine Reihe von stammes-geschichtlich wichtigen Lebewesen auch deswegen untergegangen ist, weil es eine in die Evolution hineingepflanzte Sinnspitze gibt, die das Ganze so weiter getrieben hat, dass am Ende der Mensch herauskam.

Diese Frage ist nicht eindeutig zu beantworten. In der Evolutionstheorie von Darwin ist die geschlechtliche Fortpflanzung von großer Bedeutung. Schöpfung ist nicht abgeschlossen. Menschen sind als geschlechtliche Wesen Teilhaber an Gottes Schöpfungskraft. Gott hat den Menschen als Mann und als Frau erschaffen und in die sexuelle Geschlechterneigung zwischen Mann und Frau die Fähigkeit gelegt, Leben und damit Schöpfung weiterzugeben, ja, sie mitzugestalten.

Für unser eigenes Selbstverständnis aber bleibt, dass es trotz der Teilhabe an der Weitergabe des Lebens durch geschlechtliche Fortpflanzung keine individuelle Unsterblichkeit in unseren leiblichen Nachkommen oder im Sinne des Überlebens eigener Ideen gibt. Unsere genetische Identität verschwimmt schon nach wenigen Generationen. Aus der biologischen Weitergabe des Lebens lassen sich für ein ewiges Leben keine Perspektiven ableiten. Die Frage ist vielmehr, ob ich daran glauben kann, dass mir als Person über meine jetzige Existenzweise in diesem Körper hinaus noch eine andere Qualität von geistiger Existenz zugesagt wird.

Ein typisches Merkmal von Geist ist, sich selber gegenüber zu treten, mit sich selber sprechen und sich selbst erkennen zu können. Bei Versuchen mit Schimpansen zeigte sich, dass die eine Gruppe sich im Spiegel selbst wieder erkennen konnte und die andere nicht. Sich selbst wiedererkennen ist in der Evolution ein Anhaltspunkt für die Grenzüberschreitung zu geistigen Wesen, wie wir Menschen es sind. Die Grenze vom Tier zum Menschen ist so am ehesten beschreibbar.

Gott hat unsere Existenz unter den Bedingungen der Materie, unter den Bedingungen der Schwerkraft, den Bedingungen von oben und unten, von der Sehnsucht nach mehr würdig gemacht, dieser Existenz göttliche Energie gegeben – dass er sich selbst in die materielle Welt hineingegeben hat, in die Menschheit auf dieser Erde, ist die besondere Botschaft:

- Gott nimmt Wohnung im Weltall und auf der Erde. Im Ächzen und Seufzen der Schöpfung flackert das Licht von Heil und Erlösung auf.

- Werden und Vergehen sind für unsere materielle Existenz im Weltall ganz offensichtlich ein Grundprinzip. Dies realisiert sich für uns als Existenz, aufgehoben in Gott selbst.

- Nichts kann uns von Gott trennen. Wir sind und leben in ihm.

- Von Gott kommend, unter den Augen Gottes in der materiellen Welt eine Zeitspanne lebend, auf Gott hin weitergehen. Immer schon geborgen in Gott und immer schon in ihm existierend, weil er zwischen Vergangenheit, Gegenwart und Zukunft nicht trennt, er diese vielmehr vereint.

- Was wir vom Weltall kennen und als Bedeutung von Welt wahrnehmen ist noch längst nicht alles. Das Weltall wird es auch geben, wenn die Sonne verglüht ist und es auf der Erdkugel kein Leben mehr gibt. Aber das ist verhüllte Zukunft.

- Was ist denn dann?

- Es ist eine Form von Narzissmus, wenn wir uns selbst zum Maßstab des Weltalls, gar zum Maßstab Gottes machen. Warum bringt es uns denn in unserer Vorstellung durcheinander, wenn es auf anderen Planeten auch Lebewesen, vielleicht sogar Menschen geben würde?

- Ist es dieser egozentrische Alleinbehauptungsanspruch, dass es Gott nur mit uns gut meint, und mit anderen Lebewesen im Weltall soll er es nicht so gut meinen?

- Wenn wir wüssten, wie Gott ist, wer Gott ist, wie er seine Schöpfung gestaltet hat, welche Pläne er mit der Zukunft des Weltalls hat, hieße dies, Gott Vorhaltungen und Vorschriften zu machen.

Was uns bleibt: Den Film zwischen Geburt und Tod aktiv mitgestalten. Unser Leben kommt aus Gott und ist Teil der Ewigkeit. Mit seinen Freiheitsregeln ist er bei uns.

Weltraum-Forschung enträtselt die Geheimnisse Gottes...

Wer daran glaubt, dass Gott der Schöpfer des Weltalls mit all seinen evolutionären Differenzierungen bis hin zur Schöpfung menschlichen Lebens ist, kann die
Ergebnisse der Weltraumforschung nur begrüßen. Naturwissenschaftler gehen
in ihren Forschungen mit speziellen wissenschaftlichen Methoden heran. Wenn
sie neue stimmige Ergebnisse gewinnen, enträtseln sie die Geheimnisse des
Weltalls. Sie können ihre Arbeit gleichzeitig auch als Dienst an der Schöpfung
und damit religiös verstehen.

Naturwissenschaftler, die sich nicht religiös verstehen, werden die gewonnenen
Erkenntnisse aber in ihr eigenes, eben anderes Weltbild integrieren oder damit
in Spannung setzten.

Für die theologische Reflexion zwischen der naturwissenschaftlichen Weltdeu-
tung und der Deutung des Weltalls als Schöpfung darf es aber keine Rivalität
geben. Naturwissenschaftler enträtseln die Geheimnisse des Makrokosmos
und Mikrokosmos. Das, was sie an Forschungsergebnissen zusammentragen,
ist für die theologische Reflektion höchst bedeutsam. Die Theologie kann die
Schöpfung schließlich nicht an den „harten Fakten" vorbei interpretieren wollen.
Die Schöpfung Gottes präsentiert sich nun mal in konkreten Strukturen, Zusammenhängen, spezifischen materiellen Konkretionen, Makroorganismen ebenso
wie Mikroorganismen.

Der biblische Gottesglaube beheimatet uns in Beziehung mit dem Schöpfer. Wir
tun also gut daran, diese Schöpfung in all ihren Facetten kompetent wahr zu
nehmen, zu erforschen und in ihren Zusammenhängen zu deuten. Dass das Geheimnis der Schöpfung durch die naturwissenschaftlichen Forschungsergebnissen und den menschlichen Geist immer noch weitgehend unbefriedigend ent-
schlüsselt ist, muss nicht weiter betont werden. Ebenso wenig, dass naturwissenschaftliche Erkenntnisse auch zur Selbstgefährdung des Menschen und
der Natur führen konnten und können (Atombomben, Umweltzerstörung jeg-
licher Art, usw.). Das Weltall als Schöpfung zu deuten, hat auch im Blick auf den
Verwendungszusammenhang naturwissenschaftlicher Forschungsergebnisse
Konsequenzen.

Heimat in verschiedenen Welten?

Für den Fall, dass wir es mit mehreren Welten zu tun haben, stellt sich ja die
Frage, wie wir in diesen verschiedenen Welten beheimatet sind. Als Wesen mit

Fleisch und Blut sind wir unter den Wahrnehmungsbedingungen unseres Gehirns auch erheblichen Einschränkungen unterworfen. Denkbar ist, dass wir unter den Bedingungen der Existenz in dieser so gearteten materiellen Welt nur beschränkt andere Welten wahrnehmen oder denken können.

Die Kernbotschaft Jesu von Nazaret öffnet die Durchlässigkeit der göttlichen Welt hinein in die materielle Welt und die Zugehörigkeit unserer materiellen Welt zur göttlichen Welt, die mehr ist, als diese materielle Welt, in der wir uns befinden und interpretieren. Werden und Vergehen sind Markenzeichen der materiellen Welt. Dies bedeutet geboren werden und sterben müssen. Dies kann aber auch bedeuten, dass wir in uns die Sehnsucht nach der ganz anderen göttlichen Welt bewahrten und durch dieses Leben hier auf der Erde durchtragen; sie lässt wie eine innere Antenne hinaus horchen auf die andere Welt hin.

Die Religionen in den verschiedensten Kulturen sind Beleg für diese große Sehnsucht. Immer interpretieren sie auf ihre Weise die Herkunft des Menschen aus dem Göttlichen, die Verwobenheit des Menschen während seiner Erdenzeit mit dem Göttlichen und ganz besonders die Zukunft des Menschen über den Tod hinaus. Neugeburt im Tod bei Paulus ist etwas anderes als Wiedergeburt im Hinduismus und Buddhismus. Die Verwandlung unserer Existenz im Tod in die göttliche Welt hinein ist im Christentum der zentrale Anker.

Heimat im Weltall ist christlich interpretiert aber jetzt diese konkrete Erde in dem uns wahrnehmbaren materiellen Weltall – immer aber mit dem Vorbehalt, oder – positiv gesprochen – mit der großen Zusage, dass wir und das Weltall zum „Reich Gottes", zum „Be-Reich Gottes" gehören und damit bereits jetzt schon hineinreichen in die Welt Gottes. Gott ist mehr als die materielle Welt.

Das Weltall ist Geschöpf Gottes; dies heißt gleichzeitig: Unsere Heimat im Weltall ist Heimat in Gott. Wir sind Wanderer zwischen den Welten. Dies ist nicht Anleitung zur Flucht aus dieser konkreten Welt. Die jesuanische Botschaft heißt: Das Reich Gottes ist bereits in dieser Welt angebrochen. Wenn wir den Hungernden zu essen geben, Kranke besuchen, dann begegnen wir ihm, dem Christus, der aus der göttlichen Welt in die materielle Welt hinabgestiegen ist und die materielle Welt mit der göttlichen Welt versöhnt hat. Jetzt ist die Zeit des Heiles. Aber auch im Unheil dieser Welt ist Gott präsent. In den Leidenden und Sterbenden genauso wie in den ekstatisch Liebenden. Und dennoch: das Reich Gottes ist hier erst angebrochen. Die Vollendung des Reiches Gottes steht noch aus. Insofern sind und bleiben wir tatsächlich Wanderer zwischen den Welten.

Himmel und Erde

Schwarz. Schwärzer noch als Schwarz.
Ein Schwarz, wie auf Erden nie erlebt,
sieht der Astronaut im Flug um die Erde.
Unsichtbar die Strahlen des Sonnenlichts,
sie verlieren sich in der Weite des Alls.
So berichtet ein Mensch von draußen:
Der Himmel ist Schwarz.

Getroffen von den Strahlen der Sonne
sieht er blau die Erde und silbern den Mond.
Der Astronaut sieht das reflektierte Licht,
das die Sonne ihren Satelliten leiht.
Fallen die Strahlen doch widerstandslos
in die körperlose Tiefe des Alls
sieht er nichts – nichts als Schwarz.

Blau hingegen sehen wir von Erden
den wolkenlosen Himmel am Tag.
Es ist der atmosphärische Schutzmantel,
von dessen Molekülen das Sonnenlicht
weitgehend blaue Anteile streut.
Das Auge erhält die freudige Nachricht:
Der Himmel ist Blau.

Wundersames leisten die Sonnenstrahlen.
Die unsichtbaren Strahlen des Lichts
machen die Umwelt für uns sichtbar
zu Bildern aus Farben und Helligkeiten.
Das menschliche Auge erkennt in ihnen
die großen und kleinen Dinge der Erde.
Die Erde aus Farbe und Hell / Dunkel.

Die Augen empfangen das Licht mittelbar
als von den Dingen reflektiertes Licht.
Auf diesem Umweg sammelt das Licht
die optischen Daten der Umwelt.
Unmittelbar nur erreicht uns das Licht,
wenn wir in ihre Quelle sehen,
in die gleißende Sonne am Himmel.

Lichtquellen sind die unzähligen Sonnen,
die wir in klarer, wolkenloser Nacht
als Sterne am Himmel bestaunen.
Leuchtende Signale von Himmelskörpern,
die uns auf Erden erreichen,
aus unfassbarer Tiefe von Zeit und Raum,
aus dem Dunkel des nächtlichen Himmels.

Das Licht eines solchen Sterns
mag Millionen von Jahren unterwegs sein,
bis es unsere Augen erreicht.
Der Himmelskörper kann in dieser Zeit
längst erloschen und verschwunden sein.
Wir sehen den Stern in der Vergangenheit,
der in der Gegenwart nicht mehr existiert.

Wir sehen nicht, was ist – wir sehen, was war.
Die Kraft des Lichts dringt in die Geheimnisse
der Dimensionen von Zeit und Raum:
Der forschende Mensch rechnet
mit der Geschwindigkeit des Lichts.
Raum und Zeit werden zu Daten.
Der Himmel wird mit Zahlen vermessen.

Geheimnisvolle Fragen werden beantwortet.
Die Antworten schaffen immer neue Fragen,
sie vermehren die Geheimnisse des Himmels.
Der Forschungssatellit zeigt eine Milchstraße,
die Anhäufung unzähliger glitzernder Lichter.
Darunter einen winzig kleinen, blauen Punkt.
Die Erde ist der winzige blaue Punkt.
Der Erde ist ein kleiner Teil des Himmels.

Wo sind wir Zuhause?

Wo sind wir Zuhause? Die täglich neuen Erkenntnisse zu Herkunft und Zukunft des Universums geben zu denken. Die Erde, die uns groß erscheint und für deren Umrundung mit dem Flugzeug wir immerhin noch einen ganzen Tag benötigen, mit ihren Wüsten und Meeren: ein Staubkorn nur angesichts unzähliger Galaxien. Ich selbst auf diesem Staubkorn – wer bin ich dann noch?

Wer sich auf das Universum näher einlässt, kommt an die Grenzen des Denkens und gerät nicht selten auch in den Sog der Verzweiflung. Vieles von dem, was bisher Bestand hatte, lässt sich so nicht mehr halten. Für viele Menschen birgt der Weltraum Ängste und Bedrohungen. Für andere steht eine radikale Veränderung ihres Gottesbildes an. Ordnungsstrukturen, die ein Gott in das Universum hineingelegt habe, oder Chaostheorien – vielleicht ist alles anders.

Oben – Unten

Indem die Erde kugelförmig ist, stellt sich die Frage, wo jeweils oben oder unten ist. Ich bin in Europa oben, stehe mit beiden Beinen auf der Erde, und mein Kopf schaut nach oben. Bin ich in Australien, stehe ich mit beiden Beinen auf dem Boden und mein Kopf weist auch nach oben. Mein Kopf zeigt nicht nach unten. Wir leben in einem Kulturraum, der uns Menschen verortet: im Himmel dort oben – auf Erden hier unten. Wo auch immer auf dieser Erdkugel weist unser Kopf im Sinne des aufrechten Ganges nach oben. Die Schwerkraft hält uns auf der Erde.

Die Überwindung der Schwerkraft wird für die Menschheit der Zukunft Schritt für Schritt immer mehr zum großen Abenteuer und zur Sehnsucht. Unsere Wahrnehmungsmöglichkeiten, die an unsere materielle Existenz mit unserem so gearteten Gehirn gebunden sind, schützen uns vor den unvorstellbaren Tiefen des Weltalls, den unzähligen Lichtjahren und Sonnensystemen. Würde ich in jedem Augenblick meines Lebens diese Weite und das Chaos des Universums wahrnehmen, führte mich dies an Grenzen, vielleicht sogar an Grenzen des Wahnsinns.

Das Universum macht Angst. Dass in achthundert Jahren ein Meteorit die Erde gefährlich nahe streifen könnte, ist bereits heute Gegenstand besorgter Überlegungen. So sicher ist die Erde vor Einschlägen aus dem Weltall nun doch nicht. Wir haben genug Belege dafür, dass Einschläge von solchen Meteoriten aus dem Weltall Kälteschocks ausgelöst und Tausende von Arten Lebewesen auf der Erde ausgelöscht haben.

In einer klaren Nacht, der Sternenhimmel wie ein Gewölbe über uns – wir auf der Erdoberfläche, wie auf einem Plateau durch die Schwerkraft gehalten: Dies ist unsere direkte Wahrnehmung. Wir fühlen uns sicher. Dagegen die medial vermittelte Wahrnehmung: Der schwarze Himmel und die blaue Erde aus der Sicht eines Forschungssatelliten. Der blaue Punkt als jener Planet, auf dem wir mit unseren Bedürfnissen und Möglichkeiten eine Zeit lang leben können. Wir sind gefordert, diesen Perspektivenwechsel wahrzunehmen und bewundernd oder aber auch erschaudernd durchzustehen. Durch die Erkenntnisse der heutigen Naturwissenschaften wurde der Mensch nicht nur räumlich aus dem Zentrum verdrängt, auch an der Zeit hat er nur einen minimal kleinen Anteil.

Zu wissen, „was die Welt im Innersten zusammenhält" – diese Wunschvorstellung in Goethes Faust bleibt für unsere Generation eine offene Sehnsucht. Dass wir überhaupt in der Lage sind, über uns selbst hinaus zu fragen und nach Geheimnissen zu suchen, dass wir sie enträtseln wollen und nach einem übergreifenden Sinn suchen, zeigt, dass die Evolution Antennen in uns Menschen hervorgebracht hat, die uns überhaupt die Möglichkeit dazu geben. Antennen für die Geheimnisse der Schöpfung? Tief eingegrabene Sehnsüchte, nicht nur die Außenansicht, sondern auch die Innenansicht unserer Existenz im Weltall wahrzunehmen. Antennen dafür, unsere Lebenszeit in einen größeren Sinnzusammenhang hineinzuvernetzen, und Antennen vielleicht auch als Sehnsucht, nicht für immer unterzugehen, sondern innerhalb der Schöpfung Gottes auf anderer Existenzebene zu sein.

Nimmt man den christlichen Glauben als Verwandlung aus dem Tod, dann ist darin ja jene grundlegende Sehnsucht konkret, dass es ein Leben unabhängig von Raum und Zeit gebe. Eine bleibende Existenz im Weltall nach dem Tod ist denkerisch fraglich, weil es ja immerhin eine Existenz in Raum und Zeit sein müsste. Die Verwandlung aus dem Tod übersteigt also die raum-zeitlichen Vorstellungen und ist eine Grenzüberschreitung über das uns bekannte Weltall hinaus. Zumindest auf der Basis dessen, was wir derzeit denkerisch verantworten können.

Denken darf nicht vor Grenzüberschreitungen halt machen. Zum Denken gehört auch, das Undenkbare anzudenken. Wenn unsere Existenz nach dem Tode innerhalb des Weltraums wäre, müssten wir ja örtlich und räumlich denken. Der Glaube der Kinder, dass Gott über den Wolken im Himmel wohnt, trägt dann nicht sehr weit. Wir müssten uns ja dann innerhalb des Weltraums eine Ecke oder einen Ort denken, wo wir dann wären. In welchen Galaxien, um welchen Planeten herum sollen wir dann angesiedelt sein, verschwinden wir in schwarzen Löchern, auf jeden Fall rasch in der Dunkelheit des Weltalls?

Die biblischen Visionen aber sind komplett andere: Wir gehen ins Licht. Wir sind der Dunkelheit entrissen. Es gibt für uns eine Existenz, in der Gott unsere Tränen trocknet.
Existenz – unter den Bedingungen von Materie, von Fleisch und Blut, von Essen und Trinken, von Ekstase und Trauer, von Zeugung und Tod, ist uns bekannt.

Existenz – ohne materiellen Körper, ohne Essen und Trinken, ohne jung sein und alt werden, ohne Zeugung und Tod. Dies zu denken überschreitet zunächst das uns Wahrnehmbare. Das Denkbare aber wird damit nicht überschritten.

Wir fragen von zwei Seiten: Von der Semiotik, der Wissenschaft über die Bedeutung der Zeichen, und von der Theologie her. Beide können diesen Denkprozess in weiterführender Weise nicht alleine leisten.

Die Welt als Weltraum

„Welt" als Himmel und Erde

Die Diskrepanz zwischen der spontan erfassten Wirklichkeit und der Vorstellung einer Wirklichkeit, die durch den Verstand vermittelt wird, habe ich als beunruhigend erlebt. Immer wieder komme ich auf die gezeigte Darstellung (Bild 3) zurück: Das Auge kann sich nur mit dem Männchen vertraut machen, das scheinbar als einziger auf dem Rund sicher steht – der obere, während die anderen mühevoll an dem Rund haften und vom Herunterfallen bedroht sind. Meine Vorstellung, mich mit dem Antipoden zu identifizieren, gelingt mir nicht.

Zwar unterscheidet sich meine Wahrnehmung des Oben-unten deutlich von der des Raumfahrers im All durch die hiesige Wirksamkeit der Gravitation. Als objektiven Befund kann ich jetzt und hier an einem Lot ermessen, dass mich meine Sinne nicht täuschen: Ich erkenne oben und unten. Dennoch gilt diese Erkenntnis nur in den Grenzen meines Wahrnehmungsraumes und der ist nur ein winzig kleiner Ausschnitt der kugelförmigen Erdoberfläche. Und da ich mich noch nie außerhalb der Erdkugel aufgehalten habe, besitze ich auch keine globale Empfindung für die Erde in ihrer Ganzheit.

[2] H.-B. Strack: Skizze des physikalischen Weltbildes. In: A. Biesinger, H.-B. Strack. Mit Beiträgen von Ch. Schmitt: Gott, der Urknall und das Leben. Was Glaube und Naturwissenschaften voneinander lernen können. München 1996, 144.

Die aufgezeigte Einschränkung unserer Wahrnehmungsfähigkeit führt der Molekularbiologe H. B. Strack auf die vom Menschen durchgemachte Evolution zurück, in deren Folge „wir die physikalische Wirklichkeit nur teilweise unmittelbar wahrnehmen können, hauptsächlich in solcher Hinsicht, in der es für unsere stammesgeschichtlichen Vorfahren für ihr Überleben notwendig war. "[2]

Sonne und Mond – Partner der Erde

Dass die irdisch-physikalische Wirklichkeit von unseren kosmisch nächsten Partnern beeinflusst wird, ist uns auch nur teilweise bewusst. Jedoch, wenn sich lebensbedrohliche Gefahren zeigen, werden wir aufmerksam. Begriffe wie „Löcher in der Ozonschicht" der oberen Atmosphäre verweisen uns auf die von Menschen verursachten Schäden an diesem Schutzmantel der Erde – Schutz vor den gefährlichen ultravioletten Strahlen und vor allem vor einer derart starken Erwärmung der Erde, die sie untauglich für menschliches Leben macht.

Auch werden uns Eigenschaften der Erde genannt, die für das Leben auf diesem Planeten bestimmend sind: seine Größe, Schwere und damit seine Schwerkraft. So darf der Planet nicht zu schwer sein. Eine zu starke Schwerkraft stößt zuviel Kohlendioxid aus und verschärft damit den „Treibhauseffekt". Der Planet darf auch nicht zu leicht sein, denn seine Schwerkraft muss die Atmosphäre halten können. So ist offensichtlich das Maß der Schwerkraft ein Kriterium – unter mehreren – für das Leben auf Erden.

Die Abhängigkeit des Lebens von der Kraft der Sonne wird uns tagtäglich demonstriert: Licht und Wärme, der biologisch wirksame Rhythmus von Tag und Nacht, der Wechsel der Jahreszeiten. Dass dies auch von dem Trabanten Mond beeinflusst wird, ist uns weniger bewusst. Der Astrophysiker Harald Lesch weist uns daraufhin: „Der Mond garantiert neben seiner Wirkung auf die Meere auch noch eine ganz andere Eigenschaft des Erdkörpers, nämlich die Stabilität der Erdrotationsachse. Die Neigung dieser Achse von ca. 23° hängt nach modernen Simulationen ganz wesentlich von der Existenz des Mondes ab. Wäre er nicht vorhanden, würde die Erdachse innerhalb von einigen Millionen Jahren so schwer schwanken, dass das Klima auf der Erde für hochentwickeltes Leben völlig unzumutbar wäre. Man stelle sich vor, eine Erdhälfte würde ständig von der Sonne beschienen und die andere läge in dauernder Dunkelheit und Kälte. Die damit zusammenhängenden Luftdruckschwankungen wären so rabiat, dass Windstärke 12 nur ein laues Windchen darstellen würde im Vergleich mit den Stürmen auf einer mondlosen Erde." Und Harald Lesch fügt an: „Im Sonnensystem stellt das Paar Erde – Mond eine absolute Einzigartigkeit dar. Diese unwahrscheinliche Situation eines relativ kleinen Planeten mit einem großen Trabanten gilt heute als zentrale Einschränkung für die Anzahl der möglichen „lebendigen" Planeten."[3]

[3] aus „Sind wir allein im Universum", Deutsche Physikalische Gesellschaft". Bad Honnef 2001, 32f.

Strahlen der Sterne

Die funkelnden Lichter der klaren Nacht haben unfassbar weite Wege bis zu uns. Mitunter ist das Licht der fernsten Sonne ein Signal aus fernster Vergangenheit: Die Sonne ist bereits verglüht und zerborsten bis die Strahlen ihres Lichts uns nach Milliarden von Jahren erreichen. Wir sehen, was einmal war und nicht mehr ist. Unfassbar weit der Weitenraum, die Weltenzeit.

Sterne erleben wir so als strahlende, glanzvolle Lichter, die uns unermüdlich

2.0

Zeugnis geben vom himmlischen Geschehen – heute wie zu biblischen Zeiten: „Sieh zum Himmel, zähl die Sterne, wenn du sie zählen kannst. So zahlreich werden deine Nachkommen sein" (Gen 15,5). Symbolisch stehen die unzählbaren Sterne für die Vielzahl der Nachkommen Abrahams.

Zwei Dreiecke ineinander geschoben begründen das Siegel von König David. Der sechszackige Stern – der Davidstern – begleitet nachfolgende Generationen und findet in den Worten Jesu seine Offenbarung: „ich bin die Wurzel und der Stamm Davids, der strahlende Morgenstern." (Offb 22,16) Der helle Morgenstern ist himmlisches Licht.

Ein Stern – heller als alle anderen Sterne – bringt den drei Sterndeutern aus dem Osten frohe Botschaft: Der Messias ist geboren, brecht auf! Der Stern zeigt ihnen den Weg zum Stall. „Wir haben seinen Stern aufgehen sehen und sind gekommen, ihm zu huldigen." (Mt 2,2) „Der Stern von Bethlehem" wird meist achtstrahlig als Symbol dargestellt.

Die Symbolik der Sterne begleitet die Menschen durch die Zeiten, durch die Kulturen mit unterschiedlichen Akzenten. So meinten die Indianer des Inkareiches, Sterne wandeln am Himmel mit dem Mond als dessen Dienerinnen und nicht mit der Sonne, weil man sie nachts und nicht am Tage sieht. Die himmlischen Dienerinnen des Mondes wurden im Tempel von Cuzco verehrt.

Nach wie vor ist die Symbolik der Sterne verbreitet. Die Sternenmetaphern für „strahlenden Glanz" – „himmlischen Glanz" – wird heutzutage überwiegend für irdische Zwecke gebraucht und mitunter missbraucht. Strahlenden Glanz soll der symbolische Stern dem verleihen, der mit ihm dekoriert wird, ob dies ein Orden oder Ehrenzeichen für eine auszuzeichnende Person ist, oder als Emblem für einen Staat, eines Staatenbundes. Zum Beispiel: Zwölfstrahlig in der Flagge von Formosa, achtstrahlige Sterne im australischen Wappen, sechsstrahlig der Davidstern von Israel, fünfstrahlig die fünfzig Sterne der USA, der Europäischen Union, der ehemaligen Sowjetunion und seiner Satellitenstaaten, vierstrahlig der Stern im Emblem der NATO. Hotels und Gaststätten werden mit einer bestimmten Anzahl von Sternen ausgezeichnet. Die Filmdiva oder der Spitzensportler strahlt als umjubelter „Star".

Die symbolischen Darstellungen von Sternen sind so unterschiedlich wie ihre Verwendungsbereiche. Form und Anzahl ihrer Strahlen sind entsprechend differenziert. Doch auf welche Realität beziehen sich diese Darstellungen? Auf die Erscheinung des strahlenden Sterns in der Nacht? Kann diese Erscheinung, vielleicht Lichtjahre zu uns unterwegs, Anspruch auf Realität erheben? Wir neigen dazu, mit „nein" zu antworten. Doch bringt uns die Skepsis gegenüber der Realitätsnähe dieser Lichterscheinungen in erhebliche Schwierigkeiten: Denn auch all die sichtbaren Dinge in irdischer Nähe erreichen uns mittelbar über die Wellen des Lichts. Beide Betrachtungen – in der Ferne wie in der Nähe – unterscheiden sich lediglich in ihrer Zeit-Raum-Dimension. Ein gradueller Unterschied ist dies und kein prinzipieller.

Was als Daten über die nahe und ferne sichtbare Welt durch das Licht vermittelt wird, erscheint im Kopf als Bild der Wirklichkeit. Insofern heißt „Wahrnehmen" etwas „Für-Wahr-Nehmen". Die Strahlen der Sterne am nächtlichen Himmel sehen wir als Bilder der Wirklichkeit. Sie sind nicht die Wirklichkeit. Der eine oder andere Stern existiert möglicherweise nicht mehr, wenn wir ihn sehen – wie bereits erwähnt. Wir wissen von den Sternen, dass in einem unserer Sonne gleichen – sie sind kugelförmig. Dennoch wird kaum jemand in der Darstellung einer Kugel das Symbol „Stern" erkennen. Erst die Darstellung seiner Strahlen macht ihn als „Stern" verständlich. Die Brauchbarkeit eines Symbols gründet nicht auf Wissen, sondern auf erlebter Erfahrung.

Sind uns Sonne und Mond auf der Wanderschaft im Weltraum partnerschaftlich verbunden, bleibt uns der Sternenhimmel ein fernes und faszinierendes Lichterdekor. Von Astrophysikern berechnet und vermessen, von Dichtern besungen und von uns allgemein nachts bestaunt und am Tage als Metapher verwandt. So sagen wir vom Geheimnisvollen, vom Ungewissen: Es stünde „in den Sternen geschrieben."

„Bewegung" der Sonne

Der Begriff „Sonnenuntergang" gibt Anlass zum Nachdenken, mit welchen Assoziationen das Verb „untergehen" verknüpft ist. Nach Duden heißt es in unserem Sprachgebrauch soviel wie „sinken", „versinken", „zugrunde gehen", „besiegt", „vernichtet werden" – ist also extrem negativ besetzt. Das trifft aber auf den „Sonnenuntergang" nur halbwegs dann zu, wenn damit das Bedauern über das Ende eines Tages und das aufkommende Dunkel der Nacht ausgedrückt wird. Fast jedermann sieht hingegen im Untergang des glutrot scheinenden Sonnenballs eines der schönsten Naturereignisse. Darüber hinaus sind wir von der Erfahrung geprägt, die im Versinken der Sonne am Horizont kein Zugrundegehen wahrnimmt. Vielmehr sehen wir in der Phase des Versinkens einen Teil des kreislaufenden Prozesses, der am nächsten Morgen den Sonnenaufgang erwarten lässt. Der Mensch hat den scheinbaren Kreislauf der Sonne verinnerlicht.

2.0

Unsere sinnliche Erfahrung sagt: Dass wir aus einer ruhenden, also unbewegten, Position die Dinge im Blickraum ebenso in ruhenden Positionen wahrnehmen, verhalten sie sich uns gegenüber unveränderlich. Verändert jedoch das eine oder andere seine Position, dann sehen wir dieses Ding in Bewegung. Nicht anders nehmen wir die Sonne wahr, wenn sie sich am Horizont erhebt oder hinter diesem verschwindet: Sie bewegt sich. Die ruhende Waagerechte des Horizonts macht die langsame Veränderung der Position der Sonne sehr deutlich.

[4] G. Braun (hrsg. in Zusammenarbeit mit Novum Gebrauchsgraphik, internat. Monatszeitschrift für Kommunikationsdesign): Grundlagen der visuellen Kommunikation. 2. überarb. Aufl., München 1993, 178f.

Unser visuelles Gedächtnis[4] hat eine entsprechende Struktur von Bildgefüge parat – allein durch häufiges Sehen von Fotos und Ansichtskarten eingeprägt, die wiederum das unmittelbare Erleben dieses Naturereignisses aktivieren. Der Prozess der Wahrnehmung des Versinkens der Sonne hinter dem Horizont bezeichnen wir nun als Sonnenuntergang, obwohl wir wissen, dass der physikalische Ablauf ein gänzlich anderer ist. Es ist die Erde, die sich durch Bewegung, Drehung von der Sonne abwendet.

Selbst wollten wir uns der physikalischen Realität nicht verschließen und zukünftig das Ereignis „Sonnenuntergang" als eine „Abwendung der Erde von der Sonne" betrachten, würde es uns schon sprachlich schwer fallen, dafür einen gebräuchlichen Ausdruck zu finden und gäbe es einen solchen Ausdruck, wir würden ihn vermutlich nicht benutzen. Die Sinneserfahrung „Sonnenuntergang" ist auch in dem Sinn keine „optische Täuschung", der wir zu unserem Schaden unterliegen. Sie entspricht vielmehr dem System der irdischen Wahrnehmung des Menschen: Wir nehmen eine Bewegung wahr – die Bewegung der Sonne.

Optische Täuschungen, denen wir bisweilen unterliegen, haben eine andere Dimension. Eine Bewegungstäuschung hat wohl jeder von uns einmal erlebt bekannt als so genannter „Bahnhofseffekt": Wir meinen, dass der Zug, in dem wir sitzen, sich in Richtung N in Bewegung setzt und der Nachbarzug nach wie vor auf dem Bahnhof steht. Sehen wir jedoch durch die Fenster des anderen Zuges, schlägt dieser Eindruck plötzlich um: Wir sehen, dass sich das Bahnhofsgebäude dahinter wie unser Zug verhält. Da der Bahnhof nicht in Bewegung sein kann, steht unser Zug nach wie vor und der andere bewegt sich in Richtung S. Durch die Relativität der Bewegung sind wir für einen Augenblick einer Täuschung unterlegen. Dies geschieht durch die starke Einschränkung des Blickfeldes, die Fixierung auf einen Gegenstand. Folgt jedoch das Erkennen des Bezugssystems im ganzen Blickraum, ist die anfängliche Täuschung schnell korrigiert.[5]

[5] Ebd.,130.

Die „Bewegung der Sonne" hingegen vollzieht sich innerhalb des Bezugssystems im ganzen Blickraum des Beobachters und wiederholt sich wieder und wieder. Die Relation des Fixsterns Sonne zu dem sich um die Sonne bewegenden Trabanten Erde lässt sich von zwei Betrachtungsebenen beschreiben: die irdisch-interne Erfahrung von einer stillstehenden Erde und einer sich bewegenden Sonne und die externe Erfahrung der Astronauten, die Erde und Sonne aus eigenbewegter Position beobachtend. Beide Beobachter – von der Erde und aus dem All – sehen dieselbe Sonne. Doch der irdische Beobachter erkennt von der Erde nur einen sehr kleinen Ausschnitt ihrer Oberfläche; der externe Astronaut sieht die Erde als ganzheitliche Kugel. So wird die Sonne, hier wie dort, in einem jeweils anderen Kontext erfahren.

„Diese externe Erfahrung der Beziehung von Sonne und Erde hat bereits im 16. Jahrhundert Kopernikus als Teil des heliozentrischen Weltsystems aufgrund astronomischer Berechnungen gemacht. Doch seinerzeit schien der Verlust der Erde als das ruhende Zentrum der Gestirne nicht in das vorherrschende Weltbild zu passen. Zahllose Religionen verbinden den Begriff des Gottes an Himmel mit jenem der Sonne. Der Sonnengott wird unter zahlreichen Namen als Vernichter der Finsternis (Dunkelheit) angerufen (babylonisch: 'Der das Dunkel erleuchtet, den Himmel erhellt, der drunten wie droben das Böse vernichtet... Alle Fürsten freuen sich, dich anzuschauen, alle Götter jubeln dir zu...'). Der Sonnenkult des ägyptischen Amun Ré wurde durch den Pharao Amenhotep IV. zu einem monotheistischen System umgeformt ('So schön erscheinst du am Lichtort des Himmels, lebendige Sonne, die zuerst zu leben begann...'). Nur im Alten Testament wird – im deutlichen Gegensatz zum Sonnenkult der 'Heiden' – die Sonne lediglich als eine der beiden 'Leuchten', die Gott an das Firmament setzte, betrachtet. In der christlichen Bilderwelt ist die immer wieder im Osten aufgehende Sonne Symbol der Unsterblichkeit und Auferstehung..."[6]

[6] H. Biedermann (hrsg. v. G. Riemann): Knaurs Lexikon der Symbole. München 1989, 408.

Die antike Astrologie hielt die Sonne wegen ihres scheinbaren Laufs um die Erde als einen der Planeten. Ihr Auf- und Untergang bestimmt den Wechsel von Helligkeit und Dunkelheit, von Tag und Nacht auf Erden. Nach den Veränderungen der Umlaufbahn der Sonne werden die vier Jahreszeiten und somit die Jahreslänge errechnet. Die Bewegung der Sonne bestimme den Rhythmus des Lebens. Sie sei die Beherrscherin der Zeit.

Zu den frühen grafischen Symbolen der Sonne gehört der Darstellung des Kreises mit dem Achsenkreuz, das „Sonnenrad". Es drückt die zentrale Bedeutung der Sonne und zugleich ihre Bewegung aus. In der prähistorischen Felsbildkunst Nordafrikas treten Bilder von Stieren und Widdern auf, die – ähnlich wie vergleichbare, aber jüngere Kultbilder aus Ägypten – eine Scheibe auf dem Kopf tragen und als „Sonnenwidder" und „Sonnenrinder" bezeichnet werden.[7] Eine sibi-

[7] Ebd., 410.

2.0

rische Felszeichnung aus der späten Bronzezeit zeigt uns den Sonnengott auf einem Stier. Das Tier drückt offensichtlich die Bewegung der Sonne aus. (Bild 1)

Bild 1

Heute weiß es jedermann: Die Sonne ist ein Fixstern, die Erde ein Trabant in einer Umlaufbahn um die Sonne. So sagt Umberto Eco, dass „wir über die Beziehung Erde-Sonne astronomisch richtig sprechen, obwohl wir sie falsch – nämlich als ob die Sonne sich bewegte – wahrnehmen."[8] Kann man diesen Widerspruch mit den Kategorien „richtig – falsch" wirklich auflösen? Wir meinen, nein. Denn unsere Wahrnehmung, wir haben hier ausreichend Beispiele aufgezeigt, ist eine eingeschränkt irdische und kann nicht mit astronomischen Argumenten als „falsch" beurteilt werden.

[8] 2000, 415.

Lassen wir uns auf ein Gedankenspiel ein: Nach einer sternklaren Nacht sitzen wir auf einem Stuhl im Freien, blicken gen Osten in Erwartung der am Horizont auftauchenden Sonne. Glutrot erscheint sie langsam, steigt und steigt, bis sie zur Mittagsstunde im Süden den Höchstpunkt ihres Weges überschreitet, sich zum Westen zu neigt, um dort wiederum gerötet unterzugehen. Soweit unsere Wahrnehmung. Doch sie soll falsch sein!? Denn wir wissen ja, es ist die Erde, die sich bewegt. Wir sitzen also in unserem Stuhl auf einem Mobil – dem Planeten Erde. Dieses Mobil bewegt sich mit uns im gemächlichen Tempo von knapp 30 Stundenkilometern auf der Fahrt um die Sonne. Eine Fahrt von einjähriger Dauer. Dabei dreht sich das Mobil um seine Achse in 24-stündigem Rhythmus. Mit dieser Drehung bewegen wir uns nach der Dunkelheit der Nacht auf die Sonne zu, bis wir sie am Abend hinter uns verschwinden lassen.

Das Resultat unseres Gedankenspiels: Den Weg der Sonne haben wir aus ruhender Position beobachtet und die immerwährende Mobilität des Planeten, auf dem wir leben, ist nicht wahrgenommen worden. Die Entwicklungsgeschichte des menschlichen Wahrnehmungssystems hat sich am Überleben im irdischen Lebensraum orientiert, nicht an globalen und schon gar nicht an astronomischen Relationen.

Zur astronomischen Relation der Sonne sagt das Lexikon: Unser Sonnensystem bewegt sich auf den astronomisch fixierten Punkt Apex im All zu. Die Sonne als ruhender Stern innerhalb dieses Systems bewegt sich also mit – in einem Tempo von 19,4 km/s. Es wird uns damit deutlich gemacht, dass Bewegung die zeiträumliche Veränderung eines Körpers zu einem anderen Körper darstellt. Bewegung ist relativ, sie lässt sich in einem Bezugssystem ermessen. So ist die Sonne einerseits in Bezug auf den astronomischen Punkt Apex in Bewegung, in Bezug auf das System ihrer Planeten hingegen ruhend und wiederum für den beobachtenden Erdbewohner ist die Sonne ein sich bewegender Himmelskörper.

2.0

„Vielleicht ist alles anders"

Weltraumsonden, Trägerraketen, Weltraumteleskope – an Geräten und Möglichkeiten, das Weltall räumlich genauer anzuschauen, Rückschlüsse zu ziehen, gibt es viele. Ein ganzes Arsenal von Möglichkeiten hat so explosionsartig anwachsendem Wissen und zu überraschend neuen Einblicken geführt.

Dies ist aus theologischer Sicht positiv zu würdigen, vor allem sind die gesicherten Erkenntnisse wahrzunehmen und im Verstehenshorizont des Weltalls als der Schöpfung Gottes zu interpretieren. Naturwissenschaftliche Ergebnisse helfen, die Geheimnisse der Schöpfung Schritt für Schritt zu enträtseln. Aber noch sind der Geheimnisse zu viele, als das wir davon ausgehen könnten, schon dem Geheimnis als solchem auf die Spur gekommen zu sein. Immer ist es in unserer menschlichen Wahrnehmung unsere eigene Standortbestimmung, von der her wir sehen, analysieren, Daten sammeln und interpretieren und unsere Rückschlüsse ziehen.

Immerhin ist die These des Philosophen Joseph Möller nicht so leicht wegzuschieben:

„Vielleicht ist alles anders."

Was wäre, wenn es noch viele andere Welten gibt, die wir im Augenblick nur nicht wahrnehmen und verstehen können. Vielleicht auch deswegen, weil es unsere Möglichkeiten so weit überbeanspruchen und übersteigen würde, dass wir völlig irritiert und überfordert wären? Was wäre, wenn Gott uns in ganz verschiedener Weise als seine Geschöpfe um sich herum hat, egal ob als Geschöpfe mit Fleisch und Blut oder ohne Fleisch und Blut. Was wäre, wenn ich mehr bin als mein Körper. Diese Hypothese ergibt sich ja schon daraus, dass ich meinem Körper gegenübertreten, mit mir selber sprechen, mich selber loben oder tadeln kann. Ein Anhaltspunkt nur ist dies, weil sich dieser Vorgang innerhalb meiner materiellen Existenz unter den Bedingungen von Raum und Zeit und meiner Gehirnfunktionen vollzieht. Was aber wäre, wenn Gott uns in der Stunde unseres Todes in eine völlig andere Existenz auf geistiger Ebene neu erschafft, uns aus unserer hiesigen Existenz herauslöst, erlöst aus dem Tal der Leiden, der Tränen, der Zusammenbrüche und der Gefährdungen. Dies wäre die Idee, dass es in uns einen Personkern gibt, der als unabhängig von materiellen Bedingungen ist und dann weitergeführt wird – von Gott geführt wird: Der Herr ist mein Hirte, es mangelt mir nichts, er führet mich auf grüne Auen, an Wasser des Lebens. (Ps 23)

Die Frage ist dann, ob dies eine „Neugeburt" ist, wie Paulus dies formuliert. Eine Wiedergeburt im Sinne einer hinduistischen Wiedergeburtslehre als Wiedereintritt in die materielle Welt halten wir für nicht anstrebenswert. Immerhin ist es für fromme Hindus keine anstrebenswerte Vorstellung, wiedergeboren werden zu müssen. Die eigentliche Sehnsucht ist, nicht mehr in den Kreislauf der Wiedergeburt eintreten zu müssen.

Was also ist die „Welt"?

Stoßen wir bereits auf unseren Lebensraum Erde auf Grenzen unserer Vorstellungskraft, um wie viel schwerer wird es, unsere Gedanken über die „ganze Welt" zu verkraften? „Die ganze Welt ist ja vor dir wie ein Stäubchen auf der Waage, wie ein Tautropfen, der am Morgen zur Erde fällt." (Weish 11,22). Daran gemessen kann man sich fragen: Wie gehen wir in unserem Sprachgebrauch mit der „Welt" um, welche Vorstellungen weckt die Benutzung dieses Wortes bei uns?

Wenn wir auch frühere Weltmodelle mit dem Menschen auf Erden als Mittelpunkt eines Weltgefüges längst abgelegt haben, werden wir eine überzogene Selbsteinschätzung im allgemeinen Sprachgebrauch nicht aufgegeben: Wir sprechen vom Weltbürger, vom Weltenbummler, Weltöffentlichkeit, Weltwirtschaftskrise, Weltrangliste, Weltrekord, Weltruhm usw. usw. Die Eigenschaft eines Menschen, der sich „in aller Welt" zu Recht findet, nennen wir „weltmännisch" und die dreidimensionale Darstellung der Erde „Weltkugel". In Anbetracht der für uns unfassbaren Unendlichkeit des Weltalls scheint diese Benutzung des Wortes „Welt" der menschlichen Egozentrik zu entstammen.

Können die Bibeltexte weiterhelfen, wenn wir nach Bedeutung, Herkommen und der Beziehung der Begriffe untereinander suchen: Himmel, Erde und Welt? Gleich im ersten Vers der Bibel heißt es zur „Erschaffung der Welt": „Im Anfang schuf Gott Himmel und Erde..." (Gen 1,1). Damit scheint doch ausgedrückt, dass Himmel und Erde zwei Teile eines Ganzen sind: der von Gott erschaffenen Welt. Oder wie es im Kommentar zur Einheitsübersetzung heißt: „'Himmel' und 'Erde', das bedeutet: der ganze Kosmos". Damit gehen Teile archaischer Mythen und Weltvorstellungen in die Schöpfungsgeschichte ein.

Weiter im Text heißt es dann: „Gott setzte die Lichter an das Himmelsgewölbe, damit sie über die Erde hinleuchten" (Gen 1,17). Ganz plastisch wird uns dann die „Erde" als Materie der Schöpfung geschildert: „Da formte Gott, der Herr, den Menschen aus Erde vom Ackerboden..." (Gen 2,7). So ist die Erde zunächst als Erdboden zu verstehen, als das von Menschen bewohnte Festland. Später erst

2.0

wird sie, „die Erde", zum Namen unseres Planeten.

Im Neuen Testament finden wir Texte, in denen der Begriff „Welt" Unterschiedliches bezeichnet. Immer dann, wenn Textstellen sich auf Zeiten vor oder seit Erschaffung der Welt beziehen, ist „Welt" offensichtlich von kosmischer Bedeutung. Besonders dann, wenn beide – „Welt" und „Erde" – in einer Aussage genannt werden, wird das eindeutig: „Staunen werden die Bewohner der Erde, deren Namen seit der Erschaffung der Welt nicht im Buch des Lebens verzeichnet sind." (Offb 17,8).

Eine zweifache Bedeutung bekommt die „Welt" in Jesu Selbstzeugnis: „Ihr stammt von unten, ich stamme von oben; ihr seid aus dieser Welt, ich bin nicht aus dieser Welt." (Joh 8,23) Eine „Welt unten" bezeichnet die Erde, darüber ist die „Welt oben". Überwiegend aber steht das Wort „Welt" für Erde und für die Bewohner der Erde: „Geht hinaus in die ganze Welt und verkündet das Evangelium allen Geschöpfen!" (Mk 16,15). Also besonders dann, wenn die Erde als Ganzes, als umfänglich gemeint ist, steht dafür die „Welt". Die semantische Bandbreite des Wortes wird aber um einen weiteren Aspekt bereichert, wenn beispielsweise die Pharisäer über Jesus sagen: „...alle Welt läuft ihm nach." (Joh 12,19) „Alle Welt" heißt doch nichts anderes als „alle Menschen". Hier stoßen wir auf einen Bedeutungsstrang aus dem Mittelhochdeutschen im Sinne von „Menschheit" und hiervon abgeleitet „weltlich" als Synonym für „säkular" bzw. „nichtkirchlich".

[9] Meyers Großes Taschen-Lexikon, Mannheim / Wien / Zürich, 1990.

Lexikalische Definition von „Welt": [9]

Eine Vielzahl von Wortverbindungen verweisen auf irdische Dinge und Sachverhalte (Weltmeister, Welthandel usw.). In der Verbindung von „Welt-all" erhält der Begriff „Welt" erst die Bedeutung von Kosmos, Universum. Das „Weltall" wird in knapp einer Spalte definiert. Für die schrecklichsten Ereignisse des vergangenen Jahrhunderts auf Erden werden hingegen die beiden „Weltkriege" in 40 Spalten abgehandelt.

„Die Unendlichkeit des Weltalls" erinnert mich an die kindlichen Vorstellungen des „Unendlichen": Vor dem Einschlafen im halbdunklen Zimmer geht es durch den Kopf: Wo ist die Welt zu Ende? Ein Zaun von Brettern erscheint am Ende der Welt. Doch wenn man über diesen Zaun auf die andere Seite klettert, kann man erneut nach dem Ende der Welt suchen. Das Suchen nimmt kein Ende; nach jedem überstiegenen Bretterzaun ist irgendwann das Ende der Welt wieder mit Brettern vernagelt. Nur die Müdigkeit befreit das Kind von den unendlichen

Gedanken des Endes der Welt. Greift man als Erwachsener dieses kindliche Traumbild auf, dann sind diese Bretterzäune nicht mehr das Ende dieser Welt, sondern die Grenzen menschlichen Verstandes.

Die Lebenserfahrungen des Erwachsenen haben diesen Gedanken keinesfalls zu einem zufrieden stellenden Ende geführt – wenn es auch jetzt nicht mehr Bretterzäune sind, welche die Erkenntnis versperren. Wenn uns die Astrophysiker das Weltall rechnerisch definieren und von einer Milliarde von Sonnensystemen sprechen, so beweist doch eine solche Zahl nur, dass menschlicher Geist mit seiner Vorstellungskraft am Ende ist, geht es um die Unendlichkeit des Weltalls.

Die naturwissenschaftlichen Überlegungen von der Entstehung des Weltalls führten zu der Vorstellung, dass die Welt auf ein Ereignis vor etwa 20 Milliarden Jahren zurückgeht, das mit dem Namen „Urknall" bezeichnet wurde. Wirkt nicht auf uns eine solche Theorie – und die dramatischen Bilder, die wir damit verbinden – wie ein erneuter Bretterzaun, hinter dem sich die Ursache eines weltenbildenden Urknalls verbergen? Was war vorher? Dazu der Naturwissenschaftler H.-B. Strack: „Eine oft gestellte Frage ist: Was war denn in der Zeit vor dem Urknall? Die Antwort: Wir wissen es nicht."[10]

[10] H.-B. Strack: Skizze des physikalischen Weltbildes. In: A. Biesinger, H. B. Strack. Mit Beiträgen von Ch. Schmitt: Gott, der Urknall und das Leben. Was Glaube und Naturwissenschaften voneinander lernen können. München 1996, 152.

3.0

Flug der Schwerelosigkeit – eine Droge

Der Astronaut erlebt das Fliegen auf sehr unterschiedliche Weise, so dass der hier gebräuchliche Ausdruck des „Fliegens" für seine Erfahrung nur ein sehr unvollkommenes sprachliches Mittel ist. Entzieht sich der Astronaut in seiner Raumkapsel, von einer Rakete transportiert, der vollen Kraft der Erdgravitation, so ist dieser gewaltige Kraftakt am ehesten damit ausgedrückt: Er wird ins All „geschossen". Die Schilderung von Andreas Austilat macht das anschaulich:

„28000 Stundenkilometer muss die Rakete erreichen, um die Erdanziehung zu überwinden. Die Astronauten werden augenblicklich in den Sitz gepresst. Nach Minuten ein kurzes Innehalten, für einen Moment lässt der Druck nach, der mit dem Dreifachen der Fallbeschleunigung auf dem Körper lastet. Die erste Stufe wird abgeworfen, die zweite zündet mit einem Ruck. Die dritte Stufe, immer noch beschleunigt die Rakete. Dann, nach 8 Minuten 42 Sekunden, kein Druck mehr. Abrupt taucht die Kapsel ein in die Schwerelosigkeit. Auf der Erde ist der ständige Zug der Schwerkraft allgegenwärtig. Wahrnehmen können wir sie nur selten, beispielsweise, wenn uns nach raschem Aufstehen schwindlig wird, oder wir beim Abbremsen eines Fahrstuhls in die Knie gehen. Der Gleichgewichtsapparat im Innenohr registriert zuverlässig Drehbewegungen ebenso wie Veränderungen in der Horizontalen oder in der Vertikalen. Rezeptoren in Muskeln, Sehnen, Gelenken und lassen keinen Zweifel über oben und unten aufkommen. In der Schwerelosigkeit fehlen diese Signale. Es ist, als ob man sich im freien Fall befände. Nichts anderes passiert ja auch, nur, dass der Astronaut nicht auf die Erde zu, sondern in einer Kreisbahn um sie herum fällt."[11]

[11] Der Tagesspiegel, 27. August 2000.

Wir kennen die TV-Bilder von Fallschirmspringern im freien Fall, die sich in der Luft zu Formationen finden – Arme und Beine von sich streckend wie in einem mühelosen Schwebezustand – bis sich dann der Schirm öffnet, der sie sicher zur Erde bringt. Diese mutigen Luftsportler berichten, dass sie den Zustand des Schwebens mit einem Hochgefühl erleben. Im freien Fall ist der Mensch ganz in die Gravitation der Erde eingebunden. Er empfindet sie nicht mehr und wähnt sich frei von ihr in der Schwerelosigkeit.

Der Traum von der Leichtigkeit des Fliegens – einem Vogel gleich – ist fraglos begründet in der unermüdlichen Haftkraft des Menschen an dieser Erde. Eine Kraft, die uns gefangen hält und zugleich Sicherheit verbürgt. Das Bestreben des Menschen, sich von der Oberfläche der Erde abzuheben, hat sich in vielfältiger Weise – wenn auch in Grenzen – erfüllt: Vom Fliegen im Ballon, mit Luftschiff, Drachen, Fallschirm bis hin zum Fliegen in Massentransportmitteln des Luftverkehrs – in Düsenjets. Doch für jedermann bietet die Touristik noch keine Flüge ins All an. „Leider gelang es nicht, das Space-Shuttle-System zu einer kostengünstigen Arbeitsweise zu entwickeln, schon gar nicht zu einem kommerziellen Passagierverkehr. Mit Sojus-Rakete und Space-Shuttle ist dieser Traum nicht zu erfüllen."[12] Denn unter den Bedingungen von heute kostet eine Fahrkarte zur Rundreise um die Erde in Schwerelosigkeit viele Millionen Dollar.

[12] Ralf Bülow, 56.

„Ein Urlauber will ins All", so lautet die Schlagzeile vom April 2001. Der Multimillionär Dennis Tito hat für 20 Millionen Dollar ein Ticket für den Flug und einwöchigen Aufenthalt auf der Internationalen Raumstation ISS gebucht. Nach acht Tagen in der Schwerelosigkeit hat der erste Urlauber im All, Dennis Tito, wieder festen Boden unter den Füßen. Die russische „Sojus"-Kapsel mit dem 60-jährigen US-Multimillionär landet sicher in der kasachischen Steppe. „Es war perfekt. Ich war wie im Paradies", sagt Tito nach der Landung. „Ich hatte die beste Zeit meines Lebens. Mein Traum hat sich erfüllt und nichts hätte schöner sein können. Es ist, als ob man ein anderes Leben hat, ein Leben in einer anderen Welt."

Risikofreudige Manager sehen in dem Raumschiff ISS den Vorreiter für die Errichtung eines Hotels in der Erdumlaufbahn. Abenteuerhungrige Erlebnisurlauber teilen diese Vision. Auf der Suche nach weiteren Marktlücken werden bereits Rundreisen für Verstorbene – als Weltraumbestattung – geplant und zur Buchung angeboten.

Der Traum des Menschen, aus eigener Kraft den Fesseln der Schwerkraft zu entfliehen, findet mitunter im Element Wasser einen Grad der Erfüllung. Empfindet doch der Körper beim Schwimmen eine spürbar gebremste Kraft der Gravitation. Zwar bleibt er im Wasser der Erde verbunden, doch ein Gefühl der Leichtigkeit wird gewonnen, vom Druck der irdischen Schwerkraft ein wenig befreit. Es ist das sanfte waagerechte Gleiten, mit Armbewegungen, die den schwingenden Flügel eines Vogels ähneln. Anders das Schwimmen im Butterflystil – diese Art zu schwimmen zeigt, welch sportlicher Anstrengungen es bedarf, den Oberkörper über dem Wasser zu halten. Sich aus dem Wasser als „Schmetterling" empor zu heben macht deutlich: Wasser trägt nicht nur, es hält zugleich fest.

3.0

[13] Charles Wilp:
Raumfahrt, 12.

Die Befreiung von der Schwerkraft habe die Wirkung einer Droge: „Schwerelosig-keit ist ein Suchtgefühl. Es ist gar nicht das Fliegen allein, sondern die ungeheu-re Sensibilität für eine Droge, eben Schwerelosigkeit."[13] Die Wirkung der Gravita-tion wird zur leidvollen Metapher, wenn der Mensch die Last seines Lebens als unerträglich findet und hofft, mit Hilfe einer Droge entfliehen – entfliegen – zu können. Doch wenn die Augenblicke seines Fluges in seelischer Schwerelosig-keit enden, stürzt er um so heftiger auf den Boden der Wirklichkeit zurück – ein Fall aus dem Rausch des richtungslosen Schwebens, das kein Oben und kein Unten kennt. Die Sehnsucht aber, auf beides zu verzichten – aus der Gefangen-schaft der Gravitation auszubrechen, aber auch von ihren Sicherheiten frei zu sein – wird für den Raumfahrer Wirklichkeit. Furrer: „Ich kann mir nicht vorstel-len, dass es jemanden gibt, der, wenn man ihm die Chance gibt, seinen Kopf aus der Erde herauszustrecken, diese Herausforderung ablehnen würde."[14]

[14] J. Tanriverdi: Reinhard
Furrer. Das Summen
des Weltalls. Ein
Astronautenleben.
Frankfurt a.M. / Berlin
1995, 85.

[15] Ebd., 88.

Die Befreiung von den Ketten der Erdgravitation drückt Furrer in seinem Flugpro-tokoll so aus: „Wir sind draußen!"[15] Schließlich äußert sich seine Freude am Fliegen im All in dem knappen Satz: „In der Schwerelosigkeit verliert man das Erdliche."[16] Um so drastischer sind Furrers Empfindungen bei der Heimkunft auf der Erde:„Wir fühlten uns wie angenagelt, wirklich eklig."[17] Bereits im Zustand der Schwerelosigkeit hat er sich gefragt: „Wie konnte ich auf der Erde nur die ganze Zeit mit diesen Limitierungen leben? Es erscheint fast absurd."[18]

[16] Ebd., 7.
[17] Ebd., 97.

[18] Ebd., 24.

4.0

[19] Der Kosmonaut Juri Alexejewitsch Gagarin und der Astronaut Reinhard Furrer haben übereinstimmende Lebensdaten, die über das Fliegen in den Weltraum hinausgehen: Beide waren Berufs- bzw. Militärflieger und beide sind in Flugzeugen tödlich verunglückt. Diese Parallelität der Lebensereignisse erinnert uns wiederum an die des Dichters Antoine de Saint-Exupéry. Er ist weltweit bekannt als poetischer Erfinder des „Kleinen Prinzen" – der liebevoll gezeichneten Märchenfigur, die im Kosmos von einem kleinen Planeten zum anderen fliegend spaziert. Auch Saint-Exupéry war Berufs- und Militärflieger. In einem Bericht aus dem Zweiten Weltkrieg heißt es über ihn: Am 31. Juli 1944 startet sein Fernaufklärer von der Insel Korsika aus zu seinem letzten Flug. Der Pilot und Dichter kehrte nicht zurück.

[20] J. Tanriverdi: Reinhard Furrer. Das Summen des Universums. Ein Astronautenleben. Frankfurt a.M. / Berlin 1995, 21.

[21] R. L Gregory: Auge und Gehirn. Zur Psychophysiologie des Sehens. München 1966, 229.

[22] J. Tanriverdi: Reinhard Furrer. Das Summen des Universums. Ein Astronautenleben. Frankfurt a.M. / Berlin 1995, 21.

Außerirdische Fähigkeit der Anpassung[19]

„Als ich im Weltraum war, hat mich die blitzschnelle Anpassung des Menschen an die Schwerelosigkeit verwundert."[20] In den 60iger Jahren – die Erfahrungen der Schwerelosigkeit vor Ort im All steckte noch in ihren Anfängen – leitete Richard L. Gregory die Forschungsstelle für Wahrnehmung an der Universität Cambridge. Er untersuchte die Fähigkeit der menschlichen Sinnesorgane im Auftrag der amerikanischen Raumfahrtbehörde. Besonders über „Das Auge im Weltraum" schreibt er 1966:

„Augen und Gehirn haben sich im Laufe der geologischen Geschichte entwickelt; allmählich und auch auf Irrwegen kam es dazu, dass sie ihren Trägern von Nutzen wurden, indem sie über gewisse Dinge der Außenwelt orientierten, die für das Leben bzw. Überleben von Bedeutung waren. Die sensorischen Systeme der Tiere sind so angepasst, dass sie im Großen und Ganzen die Informationen übermitteln, welche für die Lebensweise ihrer Besitzer wichtig sind. Insekten können ungewöhnlich gut schnelle Bewegungen wahrnehmen; der Falke besitzt eine außerordentlich große Sehschärfe, wodurch er sehr kleine Objekte aus großer Höhe sehen kann. Das menschliche Auge ist dagegen ein ziemlich unspezifischer Mehrzweck-Rezeptor, welcher das Gehirn mit einer Vielzahl von Informationen versorgt, die dieses nur wegen seiner außergewöhnlichen Größe verarbeiten kann.
Wenn Tiere aus ihrer normalen Umgebung entfernt werden, gehen sie häufig zugrunde, da ihre Rezeptorsysteme zu spezialisiert sind. So verhungert ein Frosch inmitten toter Fliegen, und eine Raupe kann auf den Blättern eines ihr nicht vertrauten Baumes vor Hunger umkommen. Der Mensch dagegen überlebt unter verschiedenartigsten Bedingungen. (...) Die Leistungsfähigkeit (der Augen) kann in manchen Fällen verbessert werden – durch Lernen können die Sinne fähig werden, in Situationen zuverlässig zu arbeiten, denen sie niemals zuvor im Laufe ihrer Entwicklung begegnet sind."[21]

Die Erfahrung Furrers im All bestätigt die These Gregorys. Die Sinne des Menschen besäßen Fähigkeiten, die über das Irdische hinausgehen.[22] Allerdings ist bei einer solchen Formulierung, die uns „überirdische" oder „außerirdische" Fä-

higkeiten des Menschen assoziieren lässt, nur an einen begrenzten Wirkungs-
raum zu denken. Denn das gilt, in kosmischer Dimension gesehen, nur für das
nähere Umfeld der Erde. Bedenken wir, dass den Raumfahrer beim Umkreisen
seines Planeten nur etwa drei bis viertausend Kilometer von diesem trennen.
Dennoch erlebt er die Distanz als Trennung zweier Welten. Wie die Sinnesorgane im Kindesalter Lernprozesse durchlaufen haben, so zeigen sie sich in der
Schwerelosigkeit auch befähigt, umzulernen.

Die Erde: integrierter Teil des Himmels?

Was uns durch Berichte in Wort und Bild vom Fliegen im All vermittelt wird, versuchen wir gedanklich nachzuvollziehen: schwereloses Schweben in einem Umfeld, das kein Oben und kein Unten erleben lässt, Verlust der Horizontalen, ein
Himmel schwärzer als Schwarz, eine blau gefärbte Erde, eine Erde als sichtbare
Kugel, Aufhebung des irdischen Tag-und-Nacht-Rhythmus.

Uns, als mittelbare Betrachter des spannenden Geschehens außerhalb unserer
Erde, wird von Mal zu Mal deutlicher, was es eigentlich heißt, unter irdisch-physikalischen Bedingungen der Gravitation zu leben. Warum nehmen wir unsere
Umwelt so wahr, wie wir sie wahrnehmen? Wie bedingt die Gravitation Ursache
und Wirkung sinnlicher Erfahrung unserer Umwelt?

Über diese Fragen hinaus lassen uns die Ausflüge ins All nachdenken, in wel-
chem Verhältnis die Erde zum Kosmos steht. Versuchen doch die Menschen –
die Kosmowissenschaftler – aus den verschiedensten Motiven weiter und weiter
in den Weltraum einzudringen. Prüfen wir die sprachlichen Mittel, mit denen wir
versuchen, den hier behandelten Gegenstand zu beschreiben, so verrät die
wechselnde Wortwahl die Unsicherheit unserer Vorstellungskraft. Die Vielfalt
der Synonyme scheint das zu belegen: Himmel, Welt, Weltraum, Weltall, All,
Kosmos, Universum.

Aus kosmischer Nähe betrachtet, aus der Umlaufbahn des Raumschiffs, wird
der Planet Erde zu einer gewaltig großen Kugel. Aus kosmischer Distanz, wie von
Forschungssatelliten per Bild übermittelt, ein integrierter kleiner Punkt in der
unübersehbar großen Familie der Himmelskörper. Für den Raumfahrer löst sich
der Dualismus von Himmel und Erde auf. Denn wenn man von der Erde gen
Himmel aufgestiegen ist und die Schwerelosigkeit des Alls verspürt, erscheint
die Bedeutung der Worte „Himmel" und „All" deckungsgleich. Die Erde wird als
ein Planet unter anderen im Sonnensystem erlebt. Und man sagt, es gäbe eine
Milliarde von Sonnensystemen in einer Galaxie, und wiederum gäbe es Milli-

4.0

arden von Galaxien. Versucht unser Kopf davon eine Ahnung zu gewinnen, dann schrumpft in dieser Vorstellung die Erde zu einem unscheinbar winzigen Teil des „Himmels". Wird unser überkommenes Weltbild infrage gestellt?

Welch einen Gehalt hat die gängige Aussage von „die Erde hier unten und der Himmel dort oben"?

„Antennen" für Heimat im Weltall und für Existenz in Gott?

Weltraumteleskope, Satelliten, die uns aus unvorstellbar weiten Räumen Bilder auf die Erde funken, gibt es schon genug. Die Räume des Weltalls haben sich in den letzten Jahren mehr und mehr erschlossen – mit beeindruckenden Ergebnissen und Veränderungen unseres Wissens.

Die ganz andere Frage ist: Wie kommt es, dass wir Menschen in der Lage sind, Fragen nach unserer Herkunft und Zukunft zu stellen? Von woher kommt die Befähigung, sich im Weltall zu orientieren und sich Gedanken darüber zu machen, ob es unsere Heimat ist und ob es darüber hinaus für uns noch eine ganz andere Heimat geben wird?

Es gibt zwei Denkmodelle:
- Das eine geht davon aus, dass wir durch die Evolution ausgestattet sind, dieses zu denken und zu fühlen. Solche Denk- und Orientierungsleistungen basieren auf unseren Gehirnleistungen. Die Evolution hat uns ermöglicht, die Sinnfragen auch im Blick auf unsere Verortung als Heimat im Weltall zu stellen, zu reflektieren und auch zumindest teilweise zu beantworten.

- Das andere geht davon aus, dass der Schöpfer der Welt in die Evolution die Möglichkeit hineingestiftet hat, dass der Mensch die Befähigung in sich entwickeln und entdecken konnte, auf Gott zu antworten, sich auf ihn hin zu bewegen und die eigene Existenz als Existenz in der Beziehung mit Gott zu interpretieren. Dies würde allerdings einen „Designer" in der Evolution voraussetzen, der gelenkt und eingegriffen hat. In diesem zweiten Denkmodell, das von der Option „die Welt ist Geschöpf Gottes" ausgeht, ist dies denkerisch unproblematisch. Wenn man die Evolution aber komplett unabhängig von der Idee eines Schöpfers versteht, ist auch kein eingreifendes und steuerndes „Design" erlaubt. Der biblische Befund aber interpretiert den Menschen als Geschöpf Gottes, das ihm in „Bundespartnerschaft" zunächst im Volk Israel gegenübertritt und in der Beziehungsstiftung in Jesus Christus in einen ausdrücklichen Heilszusammenhang über den Tod hinaus eintritt.

Dialog: Theologe – Naturwissenschaftler[23]

AB: (...) Halten Sie es für möglich, dass Menschen auf Grund ihrer spezifischen biologischen Ausstattung die besondere Befähigung in sich tragen, die religiöse Frage zu stellen?

HS: Ich glaube, das ist nahezu offensichtlich. Offen ist, ob Menschen nur mit großer Wahrscheinlichkeit darauf festgelegt sind, diese Frage zu stellen, oder auch darauf, sie aus ihren biologischen und kulturellen Vorgegebenheiten heraus in einer bestimmten Weise zu beantworten. Daraus ergibt sich für kritische Wissenschaftler die weitere Frage, inwieweit die auf diese Weise gebildeten und tradierten religiösen Lehren als Beschreibung der Wirklichkeit glaubhaft sein können. (...)

(...)

AB: Bisweilen leben in derselben Familie, also bei ungefähr gleicher Erziehung und auch religiöser Erziehung, die einen Kinder religiös und die anderen a-religiös.

HS: In diesem Zusammenhang möchte ich noch einige Vermutungen äußern, für die einstweilen nur wenige Begründungen gegeben werden können. Erstens, wenn es genetische Komponenten und kulturelle Bedingungen bestimmten religiösen Verhaltens und Erlebens gibt, dann können diese natürlich genetisch und kulturell variieren, wie etwa Kampfeslust bei Menschen. So könnten durchaus in der Bevölkerung Determinanten vorhanden sein, die viele Menschen dann zu religiösem Erleben führen würden, aber doch nicht alle gleichermaßen. (...) Zweitens und vielleicht wichtiger für das, was Sie über das sehr unterschiedliche religiöse Erleben und Verhalten von Geschwistern sagen: Es kann ja sein, dass diese Determinanten nicht auf eine ganz bestimmte religiöse Reaktion zusteuern, sondern dass sie nur das Bedürfnis beinhalten, sich ein Weltbild zu schaffen, das zu einer Selbstinterpretation führt, mit der man im weitesten Sinne leben kann. Das wiederum könnte verschiedene stabile Zustände haben, die ganz verschieden sind. Das heißt also, dass aus dem Bedürfnis, hier eine Entscheidung zu treffen, entweder eine religiöse oder eine entschieden a-religiöse Einstellung hervorgeht, nicht etwa ein vages Für-möglich- und Für-wahrscheinlich-Halten von einzelnen Elementen, die in eine Religion oder einen Aberglauben eingebaut sein könnten. Genau die Geschlossenheit des Weltbildes in solcher Sinndeutung ist das, was beide Geschwister dann gemeinsam hätten, auch wenn sie zu ganz unterschiedlichen Schlussfolgerungen gekommen wären. (...)

[23] A. Biesinger / H.-B. Strack: Dialoge. In: A. Biesinger, H.-B. Strack. Mit Beiträgen von Ch. Schmitt: Gott, der Urknall und das Leben. Was Glaube und Naturwissenschaften voneinander lernen können. München 1996, 194-198.

4.0

AB: Wo sehen Sie Überschneidungen zwischen Naturwissenschaft und Glauben und wo legen Sie aber auch Wert darauf, dass man Trennschnitte macht?

HS: (...) Es geht (...) hier sicher nicht darum, die religiösen Vorstellungen als mit der Wirklichkeit unvereinbar darzutun. (...) Hier handelt es sich darum, ob diese Vorstellungen auch dann zustande kommen, wenn es keinen Anlass für sie in einer objektiven Wirklichkeit gäbe. Wenn das gezeigt werden könnte, würde im Umkehrschluss die Glaubwürdigkeit der objektiven Gültigkeit der Religionsvorstellungen beeinträchtigt werden.

(...)

AB: (...) In der Theologie wurde ja das monogenetische Modell, nämlich dass die ersten Menschen Adam und Eva gewesen seien und alle Menschen auf sie zurückgehen, über lange Jahrhunderte tatsächlich wortwörtlich genommen. Die Biologie hat aufgrund ihrer Forschungsergebnisse feststellen können, dass das unmöglich so sein kann. Dies ist ein konkretes Beispiel dafür, wie sich theologische Deutung durch naturwissenschaftliche Ergebnisse stimulieren lässt und sich auch verändert.

HS: (...) Bei den Gedanken an eine mögliche, im Verlauf der Evolution bei der Herausbildung der menschlichen Spezies wirksam gewordene biologische Ausstattung des Menschen mit einer Disposition zu religiösem Erleben, zu religiösen Weltdeutungen sowohl in Sach- als auch insbesondere in Sinnfragen, oder jedenfalls der Auseinandersetzung mit diesen Fragen, handelt es sich nicht um etwas, was beim heutigen Stand der Biologie irgendwie als wissenschaftliche Aussage konkretisiert wäre, vielmehr um eine Vermutung oder eine Arbeitshypothese. In diesem Rahmen sind aber verschieden weitgehende Festlegungen in Betracht zu ziehen, und daher ist es auch nicht unbedingt zutreffend, dass sich für einen naturwissenschaftliche Betrachtung nur die eine Alternative stelle: Religiosität ja oder nein.
Weiter ist davon die Rede, dass, sollte die „Wahrheitsfähigkeit" der religiösen Vorstellungen mit biologischen Argumenten bestritten werden, dies nur eine Hinterfragung auslösen müsse, die den Wahrheitsanspruch der Naturwissenschaft (konkret der Biologie) zunichte mache. Genau diese Wahrheitsfähigkeit wurde aber nicht in Frage gestellt. Worauf ich hingewiesen habe, ist nur, dass es in der Wissenschaft auch wie im Common sense – ich glaube als einfache Fortschreibung – Schlussweisen gibt, die nicht streng gültig sind, sondern eher als heuristische oder als Plausibilitätsbetrachtungen aufzufassen sind, die aber für unsere (durchaus irrtumsanfälligen) Erkenntnisse über die Welt von großer

Bedeutung sind. (...) Vielleicht macht ein Gleichnis die Argumentation durchsichtiger: Wenn ein Wanderer in der Wüste das Blau eines Sees erblickt, dann kann es sich durchaus um das ersehnte Wasser handeln. Kennt er aber die Erscheinung der Fata Morgana, dann wird es ihm sehr viel schwerer fallen, daran zu glauben.

Ich halte es auch für nicht angebracht, aus einem philosophischen Vorverständnis heraus a priori Aussagen darüber zu machen, wo im Einzelnen unüberschreitbare Grenzen für naturwissenschaftliche Betrachtungen gegeben seien. Dies deshalb, weil auch die naturwissenschaftliche Methodik einem evolutionären Wandel unterliegt. (...)

Wenn die „Wirklichkeit" vorgestellt wird als etwas, das nie so sei wie in den Experimenten der Naturwissenschaften, dann stimmt das sicher in dem Sinne, dass keine Situation in jeder Beziehung ein Modell sein kann für eine andere; und wenn diese andere uns mehr angeht, dann ist sie eben für uns Teil der „Wirklichkeit". Dennoch sind diese Experimente ein Teil der Orientierungshilfen, die wir gegenüber der Wirklichkeit haben, und zwar in manchen Situationen durchaus wichtige oder auch die besten verfügbaren: Experimente werden ja letzten Endes unternommen, um zu einem Verständnis der „Wirklichkeit" zu kommen, besonders dort, wo uns unser Vorwissen nicht genügt. (...)

Auch die gelegentlich anzutreffende Behauptung, dass Naturwissenschaft (...) zu einer „Sinnentleerung" führt, ist mir uneinsichtig. Wenn auch die Naturwissenschaften als Veranstaltung keine Sinnfragen diskutieren, so ist doch vielen Naturwissenschaftlern als Einzelmenschen eine Erfahrung gegeben, die sie von der Mehrheit ihrer Mitmenschen abhebt: eine intensive Erfahrung der Komplexität der Welt. Dies ist keine Sinnkategorie, aber meines Erachtens für die Behandlung von Sinnfragen nicht von vornherein irrelevant.

Der Himmel ist anders

Oben und unten sind Vorstellungen von uns Menschen, um uns im überschaubaren Raum unserer Welt zu orientieren. Die Sonne ist oben, die Erde ist unten. Der Himmel ist oben, die Erde ist unten. Diese Vorstellung führt an Grenzen.

Wohin gehen wir, wenn wir daran glauben, dass wir am Ende unseres Lebens in den Himmel kommen? Verschwinden wir dann einfach in einen hinteren Teil des Kosmos? Was heißt hier aber schon vorn und hinten? Wenn Gott uns rettet, hinein in die göttliche Welt, was heißt das denn? Holt er uns in andere Galaxien? Oder holt er uns zu sich? Ist er identisch mit dem Kosmos, mit seinen vielen Universen, die wir uns so wie so nicht vorstellen können? Ist er im Kosmos oder ist er außerhalb dessen anzusiedeln? Liegt die Zukunft meiner Zukunft denn

4.0

überhaupt noch in Raum und Zeit und damit im Kosmos? Ist Gott nicht mehr als Raum und Zeit, wenn er der Schöpfer des Kosmos ist? Der Schöpfer von Raum und Zeit kann nicht identisch sein mit Raum und Zeit. Was taugt dann noch die Vorstellung von oben und unten? Wenn wir uns in den biblischen Vorstellungen orientieren, dann ist oben der Himmel, ist oben Gott, das Paradies, die Erlösung und Vollendung. Unten ist die Welt der Sünde, des Leides. Die Welt steckt voller Leid und ächzt und stöhnt, bedarf der Erlösung. Im Philipper-Hymnus (Phil 2,6-11), einem zentralen biblischen Text, heißt es, dass Jesus Christus „herabgestiegen" ist. In existentiell zugespitzter Übersetzung lautet der Text:

„Er war in allem Gott gleich,
und doch hielt er nicht gierig daran fest, so wie Gott zu sein.
Er gab alle Vorrechte auf
und wurde einem Sklaven gleich.
Er wurde ein Mensch in dieser Welt und teilte das Leben der Menschen.
Im Gehorsam gegen Gott
erniedrigte er sich so tief,
dass er sogar den Tod auf sich nahm,
ja, den Verbrechertod am Kreuz.
Darum hat Gott ihn auch erhöht und ihm den Rang und Namen verliehen,
der ihn hoch über alles stellt.
Vor Jesus müssen alle auf die Knie fallen –
alle, die im Himmel sind,
auf der Erde und unter der Erde;
alle müssen feierlich bekennen:
'Jesus Christus ist der Herr!'
Und so wird Gott, der Vater, geehrt. "

Erniedrigt und erhöht. In den Niederungen unserer Welt und in der Erhöhung der göttlichen Welt. Vorstellungen, die uns helfen können, uns selbst zu positionieren; Vorstellungen aber auch, die uns an den Rand unserer Denkmöglichkeiten treiben.

Oder auch nicht. Die Botschaft, dass Gott in diese Welt gekommen ist, bleibt zwar in dieser Vorstellung, dass er herabgestiegen ist, aber doch wohl nicht von den Wolken, die über uns sind. Auch nicht aus unserem Sonnensystem oder aus einem „hinteren" Teil des Kosmos. Dann wäre er ja dort nur versteckt.

Von wo aus rettet uns Gott? Von wo ist er herabgestiegen? Gibt es irgendwo einen Thron? Wo ist er? Diese Vorstellungen sind menschliche Vorstellungen.

Sie entspringen den Begrenzungen unseres Gehirns, auf das wir auch religiös angewiesen sind. Unser Gehirn ist so strukturiert, dass es all das wahrnimmt, was wir zur Orientierung benötigen, was wir verarbeiten müssen und was zum Überleben notwendig ist. Und dennoch ist in unserem Gehirn die Möglichkeit mitgegeben, über all das hinauszufragen, was üblich ist. Die Wahrnehmungsmöglichkeiten unserer materiellen Existenz beinhalten schließlich auch die Möglichkeit zur „Unterbrechung des Üblichen", was Johann Baptist Metz als eines der Aufgaben von Religion in der Gesellschaft sieht. Immerhin ist es eine wichtige Möglichkeit, uns wenigstens denkerisch über Raum und Zeit hinaus zu bewegen, auch wenn dieses Denken nur innerhalb von Raum und Zeit zustande kommen kann.

Wo also sind wir Zuhause? Wird unsere „ewige Heimat" innerhalb des wie auch immer strukturierten Kosmos sein? Oder meint die Zusage Gottes, dass wir zu ihm gehören, nicht gerade die Sprengung dieser Vorstellungen? Wir werden „neu geboren" – nicht wiedergeboren – in der neuen Welt Gottes, die mehr ist als der Kosmos. Wenn dies so ist, dann muss es uns auch keine Angst machen, dass eines Tages die Sonne ausbrennen wird und unsere Erdkugel, unsere heutige Heimat, in die Tiefen des Weltalls abdriftet und auf Nimmerwiedersehen verschwindet.

Auch hier stellt sich wieder die Frage nach der Vorstellung von oben und unten; ist dann das „Oben" Gottes außerhalb des Kosmos zu denken? Aber „außerhalb" und „innerhalb" ist dann ja auch nicht mehr stimmig, weil auch dies Aussagen von Raum und Zeit sind. „Auferweckung" – ist das die Transformation in eine andere Ebene von materieller oder geistiger Energie? Oder ist das nicht vielmehr Erlösung aus den Vorstellungen von oben und unten generell?

Ein für mich heiliger Mönch auf dem Berg Athos in Griechenland in einem eindrucksvollen Gespräch:
Wir verändern uns in unserem Leben immer. Er zeigte auf seinen großen weißen Bart. Ich werde nicht mehr lange in dieser Welt sein, und es ist für mich wie für ein Kind, das noch im Mutterleib ist. Noch kann es von diesem Leben, nach der Geburt nicht viel verstehen und es kann sich noch nicht in dieser Welt verorten, in die es bald hineingeboren wird. Noch sieht es nicht viel und weiß es nicht viel über seine neue Existenzform außerhalb seiner Mutter, aber es ist ihm dieses Leben außerhalb seiner Mutter bereits jetzt als Geschenk gegeben, auch wenn es im Augenblick noch nichts davon weiß.

4.0

Das Leben auf dieser Erde ist noch nicht alles...

Indem wir unter den Bedingungen von Schwerkraft, Materie, Körper, Wasser, Essen und Trinken existieren, haben wir die Möglichkeit, auf der Erde zu existieren. Was aber ist, wenn es auch noch andere Welten gibt, in der nichts gegessen wird, atmen unwichtig ist und geboren werden und sterben gar nicht vorkommt?

Wenn in der physikalischen Diskussion Ideen diskutiert werden, wonach wir mit Welten anderer materieller Verdichtung, also auch von Kommunikationsformen unabhängig von dieser uns heute gegebenen materiellen Verdichtung auszugehen haben, dann ergibt sich daraus eine spezielle Herausforderung zum Nachdenken.

Die Visionen der Bibel gehen von einer göttlichen Welt aus, aus der alle andere Welt oder alle anderen Welten hervorgehen. Unsere materielle Welt, die wir als Lebewesen auf dieser Erde erleben, erleiden und vor allem durchsterben, gehört zwar zur göttlichen Welt. Sie ist aber nicht göttlich, sondern geschaffene Schöpfung, Beziehungssubjekt zu ihrem Schöpfer. Wie und ob diese unsere Welt auf dieser Erde durchlässig ist hinein ins Weltall, können wir durch die rasant sich entwickelnde Weltallforschung Schritt für Schritt wahrnehmen. Wenn immer wieder neue Gestirne und schwarze Löcher entdeckt werden, dann öffnet uns dies Horizonte. Eine Antwort jedoch auf die Frage nach der Durchlässigkeit zu anderen, für uns derzeit nicht wahrnehmbaren Welten ist damit noch nicht ge-funden. Die Weltallforschung verbleibt ja immer noch völlig in der materiell strukturierten und beschreibbaren Welt.

Die göttliche Welt – ist sie eine geistige Welt, die unabhängig von Materie ist? Dies wäre insofern als Denkansatz zu hinterfragen, weil wir dann ja nicht zur göttlichen Welt gehören würden, wir, die wir in den Bedingungen von materiellem Existieren sind. Und dennoch: Jesus Christus ist herabgestiegen aus der göttlichen Welt in die materielle Welt.

Er ist nicht aus der materiellen Welt in die materielle Welt herabgestiegen, um der materiellen Welt den Prozess der Verwandlung im Tod, den Prozess der Auferweckung zu ermöglichen. Vielmehr war es die eigentliche Aufgabe Jesu von Nazareth, der sich in der Auferweckung als der Christus gezeigt und bewährt hat, die in Ächzen und Stöhnen liegende materielle Welt zu wandeln und ihr den Himmel zu öffnen. Himmel ist symbolische Chiffre für die göttliche Welt, aus der er gekommen ist und auf die hin er uns den Weg geebnet hat in der Stunde unseres Todes. Auferweckung ist also Verwandlung der materiellen Existenz ins

Weltall hinein in die göttliche Existenz – aber wo? Raum und Zeit sind offenbar keine Determinanten jener anderen Welt. Auch wenn uns das völlig unbegreiflich und unvorstellbar ist.

Es gibt mehr als wir sehen...

Vor 300 Jahren waren die Gene des Menschen noch außerhalb der naturwissenschaftlichen Erforschbarkeit; man konnte sie noch nicht sehen. Und dennoch hat es das Genom des Menschen immer schon gegeben. Die Tatsache, dass ich etwas (noch) nicht sehe, ist noch kein Argument dafür, dass es das nicht geben kann. Allerdings gilt auch der Umkehrschluss: Die Tatsache, dass ich etwas nicht sehe, ist noch kein überzeugendes Argument dafür, dass es das geben muss. Die Interpretation des Weltalls und unserer eigenen Existenz als göttliche Umfassung und damit als Schöpfung ist eine Entscheidung. Die Aussage aber, dass es Gott nicht geben kann, weil wir ihn nicht sehen, ist oberflächlich.

Wo wohnen wir?
Wo wohnt Gott?
Ist Gott die Unendlichkeit des Weltalls?
Wohnt er in den unendlichen Weiten des Weltraums?
Ist Gott mehr als die erforschten und noch weithin unerforschten Galaxien, schwarzen Löcher, Neutrinos, materiellen Verdichtungen, geistigen Verdichtungen?
Es ist eine Frage unseres Bildes von Gott angesichts der täglich neu auf uns einstürmenden Entdeckungen: Ist Gott der, der die Evolution angestoßen hat und sich dann zurückzieht?
Hat Gott der Evolution ihren Lauf gelassen, so dass sie sich selbständig nach eigenen Gesetzen entwickelt hat – mit all ihren Höhepunkten und Abgründen?
Aber warum die Rede in Vergangenheit?
Wenn Gott Gott ist, dann umfasst er das, was für Vergangenheit, Gegenwart und Zukunft ist, in sich selbst. Ist das die Vorstellung von „Ewigkeit", dass Gott alles auf einmal in sich präsent hat? Dass die vor Millionen Jahren verstorbenen Geschöpfe in ihm weiter präsent und lebendig sind, weil er keines seiner Geschöpfe vergessen kann, sie ihm immer Gegenwart sind?

Kosmische Voraussetzungen von Religion (Gerd Weckwerth)[24]

[24] Nuklear- und Kosmochemiker Gerd Weckwerth in: Herder-Korrespondenz 4 / 2003.

„Religion ist ein auf der Erde auf Personen ausgerichtetes Phänomen. Basis der personalen Struktur des Menschen ist ein mit der Evolution individuell im Großhirn ausgebildeter innerer Kosmos aus gespeicherten Bildern und unabhängig ablaufenden Gedankenmustern. Da intelligente Beobachter auch ohne individuelle Personen, sexuelle Fortpflanzung und soziale Kontakte denkbar sind, wäre zu untersuchen, warum sie im Falle des Menschen mit diesem gerade für die Ausbildung von Religion wichtigen Eigenschaften entstanden sind.

Im Christentum und einigen anderen Religionen gelten Glaube, Hoffnung und Liebe als besonders hohe Werte religiösen Handelns. Alle drei Aspekte leben davon, dass zwar viele Informationen erst den Anlass zu ihrer Ausprägung geben, aber einige weitergehende Informationen grundsätzlich nicht vorhanden sein dürfen: Leicht einsichtig ist dieses beim Aspekt Hoffnung. Wäre die Zukunft bereits bekannt, könnte das spezifische Gefühl der Hoffnung nicht aufkommen. Damit dieser Teil der Religionsfähigkeit nicht gefährdet oder zu einem vorübergehenden Phänomen wird, sollte jede Art von direktem Einblick in eine erst später realisierte Zukunft grundsätzlich unmöglich sein.

In ähnlicher Weise gilt das für das Phänomen Liebe. Es bedarf zunächst individueller Personen und gegenseitiger Informationen, die Partner zur Liebe zu motivieren. Auch wenn der Wunsch nach umfassender Information der Liebe entspringt, sind Menschen so strukturiert, dass eine vollständige Kenntnis des Partners trotz dauerhafter Anstrengung niemals möglich ist. Um diese transzendentale Spannung des Phänomens Liebe dauerhaft zu erhalten, wäre es nötig, dass auch Psychologie und Neurologie stets letzte Geheimnisse verborgen bleiben und die aus der Science-Fiction-Literatur bekannten Ideen vollständiger Telepathie und Gehirnverschmelzung sich niemals realisieren lassen.

Eine besonders kosmische Dimension steckt im strukturell nötigen Informationsdefizit des Glaubens. Wäre uns der Schöpfer bekannt, gäbe es nichts zu glauben. Die transzendentale Spannung scheint aber schon darin zu liegen, dass seine Existenz nicht beweisbar ist. Die Einschätzung der Schöpfung, der Mitgeschöpfe und auch der eigener Taten wird dadurch freier und von Verantwortung geprägt und bedarf einer immer wieder neuen Ausrichtung am individuellen und aktuell gelebten Glauben. Ähnlich wie bei den beiden anderen Aspekten gehört auch die Suche nach Beweisen oder Zeichen des Schöpfers als Teil dieser transzendentalen Spannung dazu.

Eine typische Frage im Rahmen eines Religionsprinzips wäre: Wie muss ein Kosmos aussehen, der so angelegt ist, dass die Existenz des Schöpfers für entstehende Geschöpfe nicht beweisbar bleibt? Obwohl diese Frage sehr spekulativ ist, scheinen einige Konsequenzen einsichtig zu sein: So darf der Anfang des Kosmos keine eindeutig auf den Schöpfer zurückführbare Eigenarten be-

sitzen, und es dürfen keine später beweisbaren, direkten Eingriffe des Schöpfers in den kosmischen Evolutionsprozess erfolgen. Alles Entstehende muss
sich auf naturgesetzlicher Basis bilden, und naturwissenschaftliche Erkenntnisse müssen immer auch a-religiöse Erklärungsmuster zulassen, wie zum
Beispiel die Vielweltentheorie."

Weltraumkult

Neue Fenster zum Kosmos aufgestoßen

Seit Jahrtausenden haben wissbegierige Menschen ihren Blick zu den Sternen gerichtet. Sie erwarteten von ihnen himmlische Botschaften, sie deuteten aus dem Wandel ihrer Konstellationen die Zukunft. Die magische Kraft der Astrologie und derer, die sich in diesem Metier auskannten, ließen den Menschen aus errechenbaren Daten der Sterne, den Orten und den Schnittpunkten ihrer Bewegungen Urteile und Einschätzungen persönlicher wie allgemeiner Entwicklungen und zukünftiger Ereignisse vorhersehen. Wir alle kennen die Geschichte der drei Weisen aus dem Morgenlande, die sich von einem geheimnisvollen Stern durch die Wüste bis nach Bethlehem führen ließen, um dort den gerade geborenen „König der Juden" zu huldigen.

Heute sind es die Daten, die mit Hilfe von Großteleskopen und Forschungssatelliten aus Lichtanalysen gewonnen werden. Nicht nur der Lauf der Sterne und Planeten lässt sich exakt verfolgen; es lassen sich Mondkrater und Sonnenflecken, Nebelwolken der Milchstraße, Saturnringe beobachten; das Licht eines Sterns gibt Auskunft über seine Beschaffenheit, seine Entfernung von der Erde und die Einsicht, dass gegebenenfalls der Stern schon längst erloschen ist, wenn uns sein Licht erreicht. Auch konzentriertes Nicht-Licht aus dem Kosmos in-formierte den Astrophysiker über so genannte „Schwarze Löcher", deren geballte Materie kein Licht freigibt.

„Schwarze Löcher" assoziiert ein tief-dunkles Nichts. Doch das ganze Gegenteil ist damit gemeint. Man hat nämlich einen Stern beobachtet, der ein solches „Schwarzes Loch" im Herzen der Milchstraße umkreist – in einem Tempo von 5000 Kilometern pro Sekunde! Der Stern benötigt diese unvorstellbare Geschwindigkeit, um nicht vom „Schwarzen Loch" geschluckt zu werden. Und das heißt: von einer geballten Masse Materie. In der sind etwa drei Millionen Sonnenmassen auf engstem Raum zusammengepfercht, wie Forscher jetzt herausgefunden haben. Erst aus der Bewegung der Sterne lässt sich die enorme Schwerkraft ermessen, die sich im dunklen Kern der Milchstraße verbirgt. Das

„Schwarze Loch" ist den neuen Messungen zufolge millionenfach schwerer als etwa unsere Sonne.[25]

[25] nach einer Zeitungsnotiz in: Der Tagesspiegel, 17. Oktober 2002, 30.

Astroforscher haben neuerdings mit Hilfe von Röntgenstrahlen „Schwarze Löcher" beobachten können – als farbige Himmelskörper. Die kosmischen Röntgenbilder zeigen – was bislang im Verborgenen blieb – die „Schwarzen Löcher" als Sterne fressende Monster, in deren Inneren sich Millionen von Sonnenmassen ballen und schließlich zerbersten. Aus dem explodierenden Sternenschrott werden junge Sterne geboren. In einem spektakulären kosmischen Kreislauf bilden sich neue Galaxien. Sterne vergehen, damit Sterne entstehen.

So kann man sagen: Das Licht der Sterne bringt es an den Tag. Doch geht es bei der Analyse der Lichtdaten durch die Astrophysiker nicht allein um die elektromagnetischen Wellen des für den Menschen sichtbaren Lichts, sondern auch um die Mikro- und Radiowellen, den Ultraviolettbereich, die Röntgen- und Gammastrahlen. „Der Weltraum leuchtet nicht nur in den Farben des Regenbogens, sondern ebenso in den anderen Wellenskalen."[26] So können Satelliten auch dem irdischen Leben Warnsignale geben über Sturmfluten, Erdbeben, Vulkanausbrüche, Gefahren für das Ökosystem, Vermeidung von Weltraumschrott, Einschlag von Meteoriten.

[26] Ralf Bülow: „Weltraum", 20.

Mehr und mehr dringen derartige Nachrichten aus dem Kosmos an die Öffentlichkeit. Das um so nachhaltiger, wenn Forscher mit höchsten Auszeichnungen geehrt werden. Die drei Physiker Raymond Davis, Matoshi Koshiba und Riccardo Giacconi erhalten den Physik-Nobelpreis 2002. Sie arbeiten auf dem Gebiet der Sichtbarmachung von Lichtfrequenzen, die das menschliche Auge nicht zu erfassen vermag. Sie haben durch ihr jeweiliges Lebenswerk neue Fenster zum Kosmos aufgestoßen. Röntgen-, Radiowellen-, Radar-Bilder und deren Kombinationen vermitteln uns heute die Medien als farbprächtige Zeugnisse aus dem Kosmos. Auch wenn das Publikum, wenn wir Laien den Bildern nicht viel mehr als einen ästhetischen Genuss entnehmen. Allein das aber weckt schon ein verstärktes öffentliches Interesse an weitere Einblicke in ferne, sehr ferne Welten.

„Grüne Männchen aus fliegenden Untertassen"

Fraglos: mit der bemannten Raumfahrt erhielt der Drang, den Weltraum, seine Entstehung und Entwicklung zu erforschen, einen erheblichen Auftrieb. Doch sieht man von den Forschungssatelliten ab – ihren Erkundungsaufträgen, Erfassung von Bodenproben benachbarter Himmelskörper, deren Kartierungen usw. – dient die Raumfahrt ausschließlich aktuellen irdischen Interessen: durch

5.0

Wetter-, Kommunikations-, Fernseh- und Spionagesatelliten, so der Kartierung der Erdoberfläche, auch der Beschaffenheit unter dieser Oberfläche.

Die irdischen Erwartungen allerdings, die auf Nutzbarmachung von Rohstoffen aus dem Weltraum zielen, konnten bislang nicht befriedigt werden. Die immer knapper werdenden Ressourcen auf Erden ließen hier besitzergreifende Vorstellungen aufkommen, benachbarte Planeten auszubeuten. Der Enthusiasmus der Forschung zielt über die ökonomischen Erfolge hinaus. Ist doch der Blick der Wissenschaftler in den letzten Jahrzehnten weit in das Weltall vorgedrungen – gemessen an den Möglichkeiten zuvor. So fragt der Astrophysiker Peter Eckart in Bezug auf zukünftige Unternehmungen im All: „Schließlich sind wir in dieses unermessliche Universum hineingeboren, nur um dann an unseren wunderbaren, aber winzigen Planeten gefesselt zu bleiben? Haben wir nicht geradezu die Pflicht, den Wundern der Schöpfung weiter auf den Grund zu gehen und danach zu streben, unser Sonnensystem und eines Tages vielleicht sogar andere Galaxien zu erforschen?"[27]

Nicht nur Wissenschaftler sind von dem Vordringen ins All fasziniert, auch ein breites Publikum. Begriffe der Weltraumforschung – wie Urknall, schwarze Löcher, verlöschende Sterne – beflügeln die bildhafte Vorstellung der Menschen. Sternwarten und Planetarien erfreuen sich der Beliebtheit vieler. Die Medien greifen die Bedürfnisse auf: populärwissenschaftliche Darstellungen, Science-Fiction-Filme, Comics bieten spannende Unterhaltung bis hin zu Phantasiegebilden von Lebewesen fremder Planeten, von „grünen Männchen in fliegenden Untertassen".

Diese Art des Medienspektakels erweckt verständlicherweise bei den Astrowissenschaftlern Unwillen. Das erfährt die Journalistin Julide Tanriverdie, als sie für eine UFO-Serie den Raumfahrer Furrer telefonisch um ein Interview bat: „(Ich) stieß damit bei Reinhard Furrer auf kein besonders großes Interesse.´ Was wollen sie? Mich nach grünen Männchen befragen?` knurrte er am Telefon."[28]

Aber auch Astrophysiker bedienen sich mitunter der Science-Fiction-Schlagworte. Es heißt in einer Pressenotiz: „Eine Zufallsentdeckung begeistert die Himmelforscher: Nur 500 Lichtjahre entfernt haben Nicolas Grosso vom Max-Planck-Institut für extraterrestrische Physik und seine Kollegen eine junge Sonne in der Milchstraße entdeckt, deren Planetensystem sich gerade bildet. Der erst eine Milliarde Jahre alte Stern ist unserer Sonne ähnlich, leuchtet aber nur knapp halb so hell und ist noch von einer gewaltigen Staub- und Gaswolke umhüllt... Sein Durchmesser beträgt rund 90 Milliarden Kilometer... Weil der Staub

[27] Ralf Bülow: „Weltraum", 20.

[28] J. Tanriverdi: Reinhard Furrer. Das Summen des Universums. Ein Astronautenleben. Frankfurt a.M. / Berlin 1995, 20.

in der Mitte der Wolke das Licht am stärksten reflektiert, sieht sie aus wie ein Ufo: zwei leuchtende, übereinander liegende Scheiben. 'Als wir sie entdeckten', berichtet der Max-Planck-Forscher, 'riefen alle wie aus einem Mund: Seht, eine fliegende Untertasse!'"[29]

[29] Die Zeit, 23. Mai 2002, 34.

Sicher sind phantasievolle Geschichten über Ausflüge ins All so alt wie die Literatur selbst – nur heutzutage sind sie angereichert mit der Darstellung des technologischen Instrumentariums der Raumschifffahrt. Die Mondkanone aus Jules Vernes „De la terre à la lune" ist zwar eine Vorwegnahme der Trägerrakete hundert Jahre später – für jeden Leser, damals wie heute, die Darstellung eines utopischen Romans. Der Raumfahrtkult unserer Tage lässt die Grenzen zwischen Utopie und Wirklichkeitsnähe, zwischen Sensation und wissenschaftlicher Information auf mystische Weise verschwinden. Auflagen und Einschaltquoten unserer Medien signalisieren einen Bedarf ihres Publikums nach außerirdischen Ereignissen und nach Darstellungen von Traumbildern fremder Welten. Es entstehen „unterhaltsame Spinnereien bis hin zu Ausgeburten krankhafter Phantasie."[30]

[30] Karlheinz Steinmüller: Weltraum, 113.

Der Weltraum wird zur Bühne für Familien- und Liebesgeschichten, für Krimis und Psychothriller, für Kolportagen von Kriegen und Naturkatastrophen. Spezielle Zeitschriften befassen sich ausschließlich mit derartigen Stories im All. (Bild 2). Und in Serien erlebt das Fernsehpublikum die Abenteuer der Besatzungen von „Voyager" und „Enterprise". Die Titel in den Programmen bieten spannende Unterhaltung an: Meuterei an Bord, Odyssee im Weltraum, lautlose Invasion von Außerirdischen, unbekannte Flugobjekte, die UFOs kommen, der Erde nähert sich eine todbringende Energiewolke, oder gar die Beobachtung aus dem Weltall vom Erlöschen des Planeten Erde durch einen Atomkrieg.

5.0

Bild 2

Die Sehnsüchte und die Ängste, die Freuden und die Aggressionen des Menschen auf Erden werden in den Weltraum verlegt. Der Weltraum wird zum Tatort. So entledigt man sich der eigenen verborgenen wie akuten feindseligen Einstellungen gegenüber allem Fremden. Der Fremde im Weltraum wird zum Alien einer anderen Welt, die nicht die eigene ist. Wenn Jung und Alt so davon angetan sind, auf diese Weise die Jenseitigkeit dargeboten zu bekommen, dann spricht das weniger für deren Lust an der Imagination des Weltraums, vielmehr für den Wunsch, die irdischen Unzulänglichkeiten im Außerirdischen zu entsorgen.

Science-Fiction

„Eine allseits bekannte und beliebte Lebensform, die offenbar außer uns das Universum bevölkert, sind die so genannten Außerirdischen. Sie scheinen in unglaublicher Anzahl hier zu landen, abzustürzen, Menschen zu entführen, zu vergewaltigen, grausig durch medizinische Untersuchungen zu entstellen und seit 50 Jahren mit den Regierungen der Supermächte zusammenzuarbeiten. So und nicht anders verhalten sich unsere intergalaktischen Brüder (und Schwestern?), glaubt man den diversen Sachbuch-Autoren, Talk-Shows, TV-Dokumentationen, Presseberichten. Dieses himmlische Thema hat für viele eine sehr irdische, nämlich rein pekuniäre Komponente. Redaktionen zahlen gut für hinreichend reißerisch aufbereitetes Film- und Textmaterial."[31] So äußert sich der Astrophysiker Harald Lesch. In seiner Publikation wird die Frage „Sind wir allein im Universum?" mit der Folgefrage verbunden: „Warum fasziniert uns diese Frage so, dass sie eine ganze Literatur (Science Fiction) erzeugt hat?"

[31] H. Lesch: Sind wir allein im Weltall?, Deutsche Physikalische Gesellschaft, Bad Honnef 2001, 9.

War es schon immer der Blick in die Sternenwelt, von der sich Menschen Hinweise auf die Zukunft erhofften, so war es ursprünglich der Stoff der Science-Fiction-Literatur, den Blick ins Zukünftige freizugeben. Heute sind es eher die Begegnungen und Auseinandersetzungen mit intelligenten, außerirdischen Wesen im All oder auch auf Erden, aus dem der überwiegende Teil der Science Fictions zubereitet wird. Seltener sind es die kosmischen Naturkatastrophen, die als Vorlage für deren Handlung dienen. So heißt es zu einem amerikanischen Katastrophenfilm in hochrangiger Besetzung im TV-Kurztext: „Ein gewaltiger Meteor rast auf die Erde zu und droht sie zu vernichten. Dem US-Astrophysiker Bradley und seinem russischen Kollegen Dubov bleiben sechs Tage, um den Untergang der Erde abzuwenden." Die apokalyptische Dramatik eines kommenden schrecklichen Weltendes wird zum Stoff der Fernseh-Unterhaltung.

Kommt da der Kosmos in vernichtender Absicht auf den Planeten Erde zu, wird in einem anderen Fall der Schauplatz menschlicher Konflikte von der Erde in den

5.0

Kosmos transferiert. Selbst die Klassiker des Schauspiels bleiben nicht verschont. Auf einer Hamburger Bühne landen die feindlichen Brüder, Franz und Karl Moor, in Raumfahrermontur auf dem Mond. So scheint auch im Theater, für die Darstellung menschlicher Probleme, das irdische Umfeld zu eng geworden. Vor kosmischen Requisiten werden Schillers „Räuber" zu Migranten im Außerirdischen. Je weiter die Menschen ins Weltall vordringen – ohne dabei Lebewesen entdecken zu können – desto mehr scheint ihre Fantasie angeregt, dem Außerirdischen zu begegnen. Wenn auch nur als Medienveranstaltung.

Motive wie Wirkungen der Science-Fiction-Stories stellen sich – über das zuvor Gesagte hinaus – in den verschiedensten Facetten dar. So werden Gefahren gezeigt, denen unsere Erde in Zukunft ausgesetzt sein wird. Tödliche Gefahren – nicht durch böswillige Außerirdische verursacht – sondern durch sorgloses Verhalten ihrer Bewohner. Wenn diese von Generation zu Generation mit ihrem Planeten nach der Devise umgehen: Nach uns die Sintflut. Gerade die filmischen Mittel eines Science-Fiction kann eine solche Bedrohung sicher eindringlicher ausmalen, als dies ein nüchterner Lehrfilm vermag.

Die Bedrohung der Erde durch außerirdische Angriffe wird hingegen aus unterschiedlichsten Motiven dargestellt. Ein Aspekt derartiger Science-Fiction-Filme ist mitunter ein national-psychologischer: Immer wieder wird unser Planet von Außerirdischen bedroht. Und immer wieder lässt uns Hollywood spüren, dass es amerikanische Helden sind, denen man das Schicksal der Menschheit anvertrauen kann. Auch in dem Film des Action-Spezialisten Michael Bay „Armageddon" macht der Hollywood-Held das, was er am besten kann: Er rettet den Planet Erde.

Science oder Fiction?

Sicher unterliegt der Empfang eines Science-Fiction-Streifens den physikalischen Gegebenheiten des Ortes. Der Fernsehzuschauer erlebt die Folgen der Bewegungen des Astronauten in der Schwerelosigkeit selbstverständlich anders als der Astronaut selbst unter den außerirdischen Bedingungen. Die Wahrnehmung des Astronauten orientiert sich nicht mehr an der Physik des irdischen Oben-unten.
Im physikalischen Zustand der Schwerelosigkeit entfällt für den Astronauten die erlernte Bestimmung des Raumes nach den Gesetzen der irdischen Gravitation, während die Wahrnehmung des Fernseh- oder Filmbetrachters bei der Übertragung einer Szene im Raumschiff diesen Gesetzen unterliegt. Seine Körperhaltung, die Gegenstände des Rumes, in dem er sich befindet, und besonders der

TV-Empfänger oder die Filmleinwand definiert er nach der Oben-unten-Ordnung. So wird die übertragene Drehung eines Raumfahrers als ein „Purzelbaum" empfangen.

Heute wird von wissenschaftlicher Seite der einen oder anderen Science-Fiction-Serie zugute gehalten, dass sie nicht gegen physikalische Gesetze verstoße: „Bei 'Star Trek' wird richtig gute Physik gemacht" – so wird Metin Tolan, Professor für Experimentelle Physik an der Universität Dortmund, zitiert. „'Star Trek' sei die einzige Serie, welche auf die Regeln der Physik Rücksicht nimmt – und das schon seit den sechziger Jahren."

Dieses Urteil von wissenschaftlicher Seite kann aber nicht darüber hinwegtäuschen, dass die Wirkung außerirdischer Physik auf den Menschen von Schauspielern unter irdischen Bedingungen schwerlich darzustellen ist. Und selbst wenn in Zukunft die Darstellung von virtuellen Schauspielern – also computergesteuerten Figuren – simuliert wird, würde der Betrachter einer derartigen Szenerie diese unter irdisch-physikalischen Bedingungen wahrnehmen. Ob im All oder auf Erden – wir haben es hier wie dort mit unterschiedlichen Regeln der Physik zu tun, die sehr unterschiedliche Wahrnehmungen des Menschen begründen. Darum heißt der kreative Versuch, die irdische und außerirdische Realität miteinander zu versöhnen: „Science Fiction".

Aliens unter uns

Andere Science-Fiction-Filme lassen verdrängte Motive faschistoiden Gedankenguts durchblicken. Besonders für den Teil der Konsumenten, die auf die Darstellung menschlicher Gewalt nicht verzichten wollen. Die Medien haben in diesem Genre der Unterhaltung ihre Zusage auf Gewaltverzicht offensichtlich verabschiedet. Hierbei geht es vielfach um die Darstellung des Außermenschlichen in menschlicher Gestalt. Es geht um die Vernichtung des „Bösen". Die Aliens sind die letzten Wesen in Film und Fernsehen, die man ungestraft niedermachen kann. Fremdenhass, Brutalität, die Lust am Töten werden legitimiert. „Macht sie alle!" Sind monströsen Angreifer vielbeinige Monster, etwa Riesenspinnen, so heißt es in diesem Film: „Tötet alles, was mehr als zwei Beine hat!"

Während also die kosmische Phantasie ihren Stoff im All sucht, um dort ihre irdischen Konflikte auszutragen – die persönlichen wie die der Völker. Und das in einem Umfeld von Raumschiffen, die uns ein hochtechnologisches Instrumentarium vorgaukeln. Davon haben wir bereits gesprochen. Hier hingegen begegnet uns der Kosmos zuhause auf Erden. Die Außerirdischen unerkannt unter uns.

5.0

Aliens sind die Fremden aus dem Kosmos: die Außerirdischen. Sie nehmen mitunter menschliche Gestalt an und landen auf unserem Planeten – mit feindlichen Absichten. Das gibt offensichtlich den Erdenbürgern das Recht – erkennen sie hinter der menschlichen Maske den Fremden aus dem All – diesen zu vernichten, „platt" zu machen. Hier bietet sich Stoff an, in Schmökern, Romanen, spannenden Film- und Fernsehstories.

Hierzu einige Stichworte aus TV-Programmen: „Meine Stiefschwester ist ein Alien. (...) Die Goa`Uld, diese galaktische Geißel, planen wieder eine Invasion. (...) Top-Agent Nick soll Kontakt aufnehmen zu den eben auf der Erde gelandeten Außerirdischen. (...) Ein Komet rast auf die Erde zu. Im Wettlauf gegen die Zeit stößt ein Rettungstrupp auf ein reaktiviertes fossiles Monster. (...) Aliens greifen an. (...) Aliens haben fast alle Menschen ausgerottet. Die letzten Überlebenden leisten Widerstand. (...) Die tödliche Bedrohung – Zwei Männer und eine Frau entpuppen sich als außerirdische Vampire. (...)"

In Umkehrung der hier angedeuteten Handlungsabläufe wird dem Zuschauer im Film „Planet der Affen" vorgeführt wie Menschen auf einem fremden Stern als „Fremde" landen und dort als solche von den einheimischen intelligenten Wesen, den Affen, verfolgt werden. Die Eindringlinge werden für Versuchszwecke misshandelt. Dem Betrachter dieser Story wird so erinnert, wie es umgekehrt den Tieren auf Erden ergeht, die für wissenschaftliche und wirtschaftliche Vorhaben gequält und wie ganze Tierarten vernichtet werden. Die Moral des Films ist offensichtlich: Die Affen behandeln die Fremden, die Menschen, als Unterlegene, als niedrige, barbarische Rasse. Es wird der Spiegel des Rassismus und des Tiermissbrauchs entgegengehalten.

Der Stoff, aus dem Science-Fiction-Unterhaltung produziert wird, basiert ursprünglich auf medialen Umsetzungen von positiven und negativen Zukunftsvisionen. „Science-Fiction handelt nicht von der Zukunft, sie benutzt die Zukunft als Erzählform, um die Gegenwart in deutlich verzerrter Form darzustellen."[32] Diese Brückenfunktion der Zeitreisen von der Gegenwart in die Zukunft wie auch in die Vergangenheit bietet das Gerüst für spannende Unterhaltung.

[32] Das Science Fiction Jahr 1993, München 1993, 233.

Als Beispiel greifen wir einen Film heraus, der in diesen Tagen im Fernsehen ausgestrahlt und dessen Inhalt von der Programmzeitschrift „TV TODAY"[33] wie folgt angekündigt und kommentiert wurde: „Der Terminator. Seine Mission ist die Vernichtung der menschlichen Zukunft – Science-Fiction-Meisterwerk mit Arnold Schwarzenegger. Er ist eine Mensch-Maschine und besitzt ein Skelett aus Stahl, das von einer Hülle aus biologischem Gewebe umgeben ist. Der Terminator

[33] TV Today, Nr. 21 / 2002.

(Arnold Schwarzenegger) kommt aus der Zukunft, in der ein gnadenloser Krieg zwischen den Überlebenden eines Atomschlags und den von ihnen geschaffenen Killermaschinen entbrannt ist. Seine Mission im L.A. des Jahres 1984: die junge Kellnerin Sarah Connor (Linda Hamilton) zu töten, bevor sie ihren Sohn John, den künftigen Anführer des Widerstands der Menschen, zur Welt bringen kann. Ihre Chancen gegen den Terminator stehen schlecht, doch zum Glück hilft ihr Kyle Reese – ein Soldat, den Sarahs Sohn in die Vergangenheit geschickt hat, um sie zu beschützen. Fazit: Der moderne Science-Fiction-Klassiker trotzt auch Genre-Feinden Bewunderung ab." Das sollte reichen! Es bleibt nur anzumerken: Die zu den Programmtexten gezeigten Fotos erwecken einen martialischen Eindruck – zurückhaltend beurteilt.

Der Kampf zwischen Gut und Böse in den Weltraum verlagert

Ähnlich wie ein Leben der Menschheit auf anderen Planeten in den Science-Fiction-Ideen immer wieder phantastisch ausgelebt wird, so findet auch der in den Menschen selbst und zwischen den Menschen stattfindende Kampf zwischen Gut und Böse außerirdisch angesiedelt ab. In der Regel ist die Menschheit darin verwickelt. Der Kampf zwischen gut und Böse nimmt andere Formen an, indem er sich von den irdischen Strukturen – auch von den einschränkenden Bedingungen der Erdanziehung abhebt.

In der Apokalypse, dem Buch im Neuen Testament, das die Endzeit beschreibt und zukünftiges Heil und Unheil reflektiert, finden sich Motive und Wurzeln für sehr ungewohnte und für uns Menschen im Erdensinne kaum verstehbare Auseinandersetzungen. Wer kämpft gegen wen, wer wird in dieser endzeitlichen Auseinandersetzung Oberhand gewinnen, das Gute oder das Böse? Nehmen wir einen kurzen Einblick in die Apokalypse im Neuen Testament:

Hatte im April 1961 der Kosmonaut Juri Alexejewitsch Gagarin als erster Mensch die Erde umkreist, ist es kaum ein halbes Jahr später der Science-Fiction-Raumfahrer „Perry Rhodan", der dies unentwegt tut – Wort für Wort und Woche für Woche: „Perry Rhodan, das ist zunächst der dienstälteste Science-Fiction-Astronaut der Welt. Seit September 1961 bewegt er Woche für Woche mit seinen Heftabenteuern die Herzen der weltweiten Fan-Gemeinde. Einige der in den weit über 2100 erschienenen Heften beschriebenen Zyklen wurden in mittlerweile 70 Büchern aufgegriffen. Über 1,3 Milliarden Perry-Rhodan-Romane wurden verkauft. Doch seit die ersten Gerüchte über eine aufwändige Verfilmung der deutschen Science-Fiction-Figur die Runde macht, wartet die Fan-Gemeinde nun mit Hochspannung auf weitere Details."[34] Woche für Woche versorgt auch das

[34] K. Sagatz. In: Der Tagesspiegel, 27. September 2002, 31.

5.0

Fernsehen seine Science-Fiction-Fans mit Darbietungen in Serie – „Stargate", „Andromeda" und andere Titel mehr. Der Bedarf an Science-Fiction-Unterhaltung scheint ungebrochen.

Science-Fiction und ihre religiösen Motive

Sich frei bewegen können im All, Allmachtsfantasien ausleben, in die Rolle von Engeln, Geistern, Weltallwesen schlüpfen, sich über die menschlichen Grenzen erheben können – dies hat auch religiöse Wurzeln. Viele säkulare Entwicklungen sind nicht so religionsneutral, wie es auf den ersten Blick erscheinen mag. Science-Fiction-Figuren sind auch aus den großen religiösen Wegen gespeist. Es ist eine Frage der Vorstellungskraft, welche Wesen Menschen aufgrund ihrer psychischen Bedürfnislage erfinden, modellieren, verändern oder ins Gegenteil verkehren. Die Science-Fiction fällt nicht einfach vom Himmel. Sie steigt auf aus menschlichen Sehnsüchten und Zukunftsängsten. So könnten wir in den dargestellten Figuren und Kommunikationsmustern sehr konkrete religiöse Muster finden und sie entsprechend herausfiltern.

Einer vom anderen Stern

Zur Literaturgeschichte ist anzumerken: Der bekannte polnische Dichter Stanislaw Lem hat die Okkupation des All durch den Menschen bereits vor mehr als einem halben Jahrhundert vorhergesehen und in 47 Büchern innerhalb von nicht einmal 40 Jahren niedergeschrieben – Science-Fiction. Ina Weisse hat den Dichter aufgesucht. Ihren Bericht betitelt sie „Einer vom anderen Stern". Hier kurze Auszüge ihres Interviews: „Das also ist der Ort, an dem die Zukunft längst Vergangenheit ist. Gedämpftes Licht herrscht im Raum, der eigentlich mehr eine Höhle ist. Die Wände sind mit Tausenden von Büchern und Zeitschriften tapeziert. Gentechnik, Internet, Virtuelle Realität und Informationstechnologie: All diese glänzenden Errungenschaften einer neuen Zeit können als Synonym für Stanislaw Lems an Prophetie grenzende Fantasien gelten.
Und dennoch ist kein größerer Kontrast zu dieser stillen Studierstube denkbar. Gleichermaßen beschlagen in Mathematik, Literatur, Philosophie, Kernphysik und Mikrobiologie, hat der Universalgelehrte die damals noch unvorstellbaren Folgen der zweiten technischen Revolution schon in den 60er Jahren vorhergesagt. Wie kommt man dazu, sich eine Kopfwelt so gigantischen Ausmaßes zu bauen? 'Ich habe einfach drauf losgeschrieben.' 47 Bücher in nicht einmal 40 Jahren. Eine sprühende Phantasie voll Erfindungsspaß, ganz dem Spieltrieb, schaffte sich Raum in Texten, die Lem seine 'Modellversuche' nennt. 'Meine Laufbahn als Science-Fiction-Autor ist vorbei. Es macht mir einfach keinen Spaß mehr.'

Nach dem Fall des Eisernen Vorhanges klingt es irgendwie seltsam, wenn er jetzt rückblickend behauptet: 'Als Pole unter sowjetischem Protektorat, abgeschnitten vom gesamten westlichen Informationsfluss, war diese völlige Isolation eigentlich mein Glück.' In der durch die Umstände erzwungenen Autonomie konnte der Anfänger völlig unbeeinflusst seine Spekulationen über das Mögliche entfalten. Poetische Versuche, die reale Beengungen durch das kommunistische Regime in der Schwerelosigkeit kosmischer Weiten zu überwinden.
Der Dichter und der technische Fortschritt: Für Lem die Quelle eines zwar fruchtbaren, aber unlösbaren Zwiespaltes zwischen Lust an der reinen Erkenntnis und der Last ihrer praktischen Umsetzung. 'Ob wir wollen oder nicht. Die Menschen machen von ihren Entdeckungen gemeinhin schlechten Gebrauch.' Indessen könnte man in der Gestalt des schmächtigen Sonderlings aus Krakau durchaus eine Überwindung dieses Dilemmas durch die Macht der Fantasie sehen. Er, der begnadete Spinner, das Genie, das allein durch die spekulative Kraft seines Vorstellungsvermögens auf die ungewöhnlichen Zusammenhänge kommt und ansonsten über den irdischen Dingen steht."[35]

[35] Der Tagesspiegel, 13. Mai 2001.

Dieser Bericht über den Dichter Stanislaw Lem macht anschaulich, dass ein Mann, der die Okkupation des Alls durch den Menschen bereits vor einem halben Jahrhundert vorhergesehen und fantasievoll beschrieben hat, heute nicht mehr von den Erfolgen der Raumfahrttechnologie zu faszinieren ist. Seine geistigen Flüge in der Schwerelosigkeit sind Befreiung von den irdischen Fesseln der Schwerkraft. So sieht er sich und uns und die Globalität unserer Erde aus der Sicht des Alls – wie von einem „andern Stern" – frei von der Enge des Oben-unten.

Engel

Gott in einer unzugänglichen, geheimnisvollen Welt. Die Menschen hier auf der Erdkugel weit weg von ihm – versunken in Sterblichkeit, Leid und Zukunftslosigkeit. Das ist der Stoff, aus dem die Engel sind: Boten zwischen diesen Welten. Die Engel der Bibel sind aber anders als Science-Figuren zu verstehen. Sie sind Wesen, die zwischen dem für die Menschen unzugänglichen Gott vermitteln und Botschaften aus göttlicher Welt in die irdische Welt bringen. Die beeindruckende Engelsfigur im Neuen Testament ist die des Erzengels Gabriel, der der jungen Frau Maria aus Nazareth mit Autorität und Kraft verkündet, dass in ihr Gott Mensch wird.

Die Verheißung der Geburt Jesu (Lk 1,26-38)
Im sechsten Monat wurde der Engel Gabriel von Gott in eine Stadt in Galiläa

5.0

namens Nazaret zu einer Jungfrau gesandt. Sie war mit einem Mann namens Josef verlobt, der aus dem Haus David stammte. Der Name der Jungfrau war Maria. Der Engel trat bei ihr ein und sagte: Sei gegrüßt, du Begnadete, der Herr ist mit dir. Sie erschrak über die Anrede und überlegte, was dieser Gruß zu bedeuten habe. Da sagte der Engel zu ihr: Fürchte dich nicht, Maria; denn du hast bei Gott Gnade gefunden. Du wirst ein Kind empfangen, einen Sohn wirst du gebären: dem sollst du den Namen Jesus geben. Er wird groß sein und Sohn des Höchsten genannt werden. Gott, der Herr, wird ihm den Thron seines Vaters David geben. Er wird über das Haus Jakob in Ewigkeit herrschen, und seine Herrschaft wird kein Ende haben. Maria sagte zu dem Engel: Wie soll das geschehen, da ich keinen Mann erkenne? Der Engel antwortete ihr: Der Heilige Geist wird über dich kommen, und die Kraft des Höchsten wird dich überschatten. Deshalb wird auch das Kind heilig und Sohn Gottes genannt werden. Auch Elisabet, deine Verwandte, hat noch in ihrem Alter einen Sohn empfangen; obwohl sie als unfruchtbar galt, ist sie jetzt schon im sechsten Monat. Denn für Gott ist nichts unmöglich. Da sagte Maria: Ich bin die Magd des Herrn; mir geschehe, wie du es gesagt hast. Danach verließ sie der Engel.

Die Menschwerdung Gottes wird nicht von Gott selbst, der in unzugänglichem Lichte wohnt und ganz offensichtlich dem Menschen in seiner Geheimnishaftigkeit immer noch entzogen bleibt, verkündet. Ein Bote aus der göttlichen Welt ist es, der der Menschheit diese Vision und Zukunft gibt. Dass Gott Mensch wird, bedeutet, dass wir Menschen von Gott berührt sind und zu seiner Welt, gehören. Dass Jesus der Christus aus göttlicher Kraft und Wirklichkeit kommt, das ist der innerste Kern und das Geheimnis des christlichen Glaubens. Die Wandlung und Verwandlung unserer Existenz hinein in die göttliche Welt ist die andere Perspektive. Diese Begegnung zwischen göttlicher und menschlicher Wirklichkeit dieser konkreten Erdkugel – konkret geschichtlich während der römischen Besatzung von Palästina, konkretisiert in der Zeit des Kaisers Augustus, des römischen Stadthalter Pontius Pilatus, beschrieben von dem nicht christlichen Schriftsteller Josephus Flavius – ist nicht Science-Fiction. Es ist vielmehr der umgekehrte Schluss zu ziehen, dass in der Science-Fiction-Literatur uralte religiöse Mythologien und die konkret geschichtliche religiöse Erfahrung der Menschwerdung Gottes in Jesus Christus ihren Niederschlag finden. Der aus göttlicher Welt kommende Jesus Christus ist kein Alien. Es geschieht nicht ein Kampf von Außerirdischen mit Terrestrischen. Es ist vielmehr die unscheinbare leise Ankunft, abgewiesen von der Umgebung, hineingedrängt in einen Stall bei Bethlehem – dies ist die Deutung im Sprachspiel einer Legende für dieses Phänomenale und bis heute die Welt verändernde Geschehen zwischen göttlicher und menschlicher Welt. Nicht Kriege begleiten die Herabkunft Jesu Christi in die Welt, vielmehr sind es wieder Engel, die aus dem Licht Gottes die Menschen aufmerksam machen auf das unscheinbare Kind in der Krippe. Da geht es nicht um Kämpfe zwischen angreifenden Weltraumwesen und Abwehrwaffen der Erdenbewohner, es geht nicht um Sieger und Besiegte, und vor allem geht es nicht darum, den Erdenbewohnern Angst zu machen.

Vielmehr geht es um Versöhnung, Einigung, Vereinigung zwischen der göttlichen und der menschlichen Welt. Es geht um Er-Lösung, Loslösung aus den materiellen Bedingungen, die immer auch Leiden und Tod beinhalten.

Diese Heils-Geschichte ist eine große Vision für die Gegenwart und Zukunft der Menschen auf der Erde. Auch unter dem Aspekt, dass es eines Tages auf der Erde nach heutigem Wissen kein Leben mehr geben wird, weil die ausglühende Sonne dies verunmöglichen wird. Möglicherweise ist auch dies einer der Antriebe, warum die Menschheit nach Möglichkeiten einer neuen Heimat sucht, auffindbare Wasservorräte auf dem Mars viele Wissenschaftler bereits an ein Leben und Überleben der Menschheit auf dem Mars denken lassen.

Heimat aus dem Urknall?

[36] vgl. H.-B. Strack:
Skizze des physikalischen
Weltbildes. In:
A. Biesinger, H.-B. Strack.
Mit Beiträgen von
Ch. Schmitt: Gott, der
Urknall und das Leben.
Was Glaube und Naturwis-
senschaften voneinander
lernen können.
München 1996, 149.

Eine der Theorien über die Entstehung des Weltalls ist die „Urknall-Theorie". Das Weltall ist nach dieser Theorie durch eine große Explosion entstanden. Diese Explosion muss vor etwa 15 Milliarden Jahren stattgefunden haben[36].

Wenn die Welt aus dem Urknall hervorgegangen ist, dann bedeutet dies, dass sich das Weltall weiter ausweitet. Diese Vorstellung gilt heute zwar als gut begründet, ist aber nicht einheitlich. Denn auf der anderen Seite gibt es die Spekulation, „dass an Stelle eines einmaligen Urknalls eine Vielzahl von urknallartigen Ereignissen innerhalb der schon bestehenden Welt deren Entwicklung antreibt. Es fehlt auch nicht an Versuchen, ohne die Vorstellung eines Urknalls bei der Deutung des Kosmos auszukommen. Als eine Möglichkeit von besonderem Interesse im Rahmen der allgemeinen Relativitätstheorie erscheinen die so genannten **schwarzen Löcher**. Darunter versteht man außerordentlich konzentrierte Massen, so konzentriert, dass durch die von ihnen ausgehenden Schwerkräfte alles auf Nimmerwiedersehen in sie hineinfallen würde, was ihnen näher kommt über eine kritische Entfernung hinaus, alles, einschließlich der Lichtteilchen; daher der Name schwarzes Loch. Noch wissen wir allerdings nicht, ob es solche Schwarzen Löcher wirklich gibt, obgleich astronomische Hinweise auf die konkrete Existenz einzelner Schwarzer Löcher intensiv weiterverfolgt werden. Wir wissen nicht einmal, ob nicht die Vorstellung des Schwarzen Loches bereits eine Grenze für die Gültigkeit unserer heutigen Theorien markiert, so dass diese vielleicht eines Tages abgelöst werden durch eine Neue, in der die Vorstellung des Schwarzen Loches keinen Platz mehr hat. Weitere interessante Möglichkeiten ergeben sich aus dem Versuch, die Quantentheorie mit folgender Vorstellung zu verbinden: Die Umgebung von Schwarzen Löchern müsste eine spontane Quelle für Teilchen sein. Wenn wir über alles oben Skizzierte mehr wissen, mag das unser Bild des Weltalls wieder um wesentliches verändern.
Eines hat die um die Vorstellung des Urknalles angesiedelte Theorie auf jeden Fall für unseren Begriff der Physik bewirkt: Während vorher die Gesetze der Physik nur als die Spielregeln des an jedem Ort und zu jeder Zeit Wiederholbaren aufgefasst wurden, und alles Geschichtliche im Verhältnis dazu als Werk des Zufalls erschien, wurde die Physik nun mehr zu einer Art Geschichtswissen-

schaft der Wissenschaft von der **Geschichte des Weltalls.**

Eine oft gestellte Frage ist: Was war denn in der Zeit vor dem Urknall? Die Antwort: Wir wissen es nicht.

Andererseits ist in einer Physik, für die „Zeit" mit Beobachtungen von Ereignissen verbunden ist oder doch erschlossen wird aus Spuren früherer Ereignisse, für einen Zeitbegriff kein Platz, indem es ein Vorher im Verhältnis zum Urknall gibt: Alle Fragen an die Vergangenheit, durch die wir heute mit Beobachtungen Teilantworten erhalten können, führen nicht weiter zurück als bis zum Urknall. Es gibt auch andere Vorstellungen, die mit unseren allgemeinen physikalischen Theorien vereinbar sind, wie z. B. auch ein Weltall, das vor dem Urknall existierte, in sich zusammenstürzte und dadurch wieder zum Urknall führte. Nur wären dann alle Spuren einer solchen früheren Wirklichkeit mit Notwendigkeit verwischt."[37]

[37] H.-B. Strack: Skizze des physikalischen Weltbildes. In: A. Biesinger, H.-B. Strack. Mit Beiträgen von Ch. Schmitt: Gott, der Urknall und das Leben. Was Glaube und Naturwissenschaften voneinander lernen können. München 1996, 151f.

Theologisch ist es von großem Interesse, ob aus naturwissenschaftlicher Sicht über die Bedingungen des Urknalls etwas Abgesichertes zu sagen ist. Auf den Punkt gebracht, es geht um die Bedingung der Möglichkeit für den Urknall. Darauf baut die Frage auf, ob Gott die Bedingung der Möglichkeit für den Urknall ist, in theologischer Denkform präzisiert: Ist Gott der Schöpfer des Urknalls?

Dialog: Theologe – Naturwissenschaftler[38]

AB: Als Theologe habe Ich großes Interesse an der Frage, ob aus naturwissenschaftlicher Sicht über die Bedingungen des Urknalls etwas Abgesichertes zu sagen ist. (...) [Es] geht (...) für mich um die Bedingung der Möglichkeit für den Urknall. Darauf baut dann später die Frage auf, ob Gott möglicherweise der Schöpfer des Urknalls ist.

[38] A. Biesinger / H.-B. Strack: Dialoge. In: A. Biesinger, H.-B. Strack. Mit Beiträgen von Ch. Schmitt: Gott, der Urknall und das Leben. Was Glaube und Naturwissenschaften voneinander lernen können. München 1996, 174-178.

HS: Die Vorstellung vom Urknall als naturwissenschaftliche Theorie teilt als solche das Schicksal aller naturwissenschaftlichen Theorien: nicht eine in jeder Beziehung und unabänderlich garantierte Wahrheit, sondern die beste Zusammenfassung unseres heutigen Wissens und unserer heutigen Vorstellungen zu sein. Weiterhin ist jede naturwissenschaftliche Theorie in einen Rahmen von Vorstellungen oder doch in mögliche verschiedenartige Zusammenhänge eingebunden. (...) Das Problem für die Naturwissenschaft ist ein doppeltes: Zum einen ausfindig zu machen, ob diese unterschiedlichen Vorstellungen und die weiteren Beobachtungen, die wir machen können, dazu führen, bestimmte dieser Möglichkeiten auszuschließen und damit anderen, genauer spezifizierten, größere Glaubwürdigkeit zu vermitteln. Zum anderen, dass wir nur die Grenzen dessen, was wir ausdrücklich oder stillschweigend voraussetzen, weiter zurückschieben

6.0

können. Das Bedürfnis, eine letzte Ursache zu erkennen, kann aufgrund dieser Art von Methodik grundsätzlich nicht befriedigt werden. Es bleibt Raum, an einen Schöpfer-Gott zu glauben – auch um diesem Bedürfnis zu genügen.

AB: Wir haben in unseren Gesprächen immer auch wissenschaftstheoretisch reflektiert, dass Sie von einem agnostischen Standpunkt aus und als Naturwissenschaftler diese Perspektive offenlassen, Gott als Schöpfer anzunehmen oder nicht anzunehmen. Gott als Schöpfer auszuschließen, ist naturwissenschaftlich nicht möglich. Steht es 50 zu 50?

HS: Ich kann nur bestätigen, dass ein sauberer Umgang mit der Methodik und Gedankenwelt der Naturwissenschaften einen jeden, der sich in ihrem Rahmen bewegt, dazu verpflichtet, gerade diese Frage offenzuhalten. (...)

(...)

AB: In der derzeitigen Diskussion wird immer wieder die Urknalltheorie mit den Chaostheorien in Gegensatz bzw. in Verbindung gebracht. Lässt sich dazu Weiterführendes sagen?

HS: Vielleicht. Ich meine, dass die gesamte Physik die genaue Durchleuchtung dieser Phänomene des Chaos erst noch wird leisten müssen, ehe sie auch die Frage nach der Entstehung der Welt in einem neuen Zusammenhang sieht. (...) Es liegt durchaus im Rahmen auch der Chaosvorstellungen, dass der Blick in Zukunft und Vergangenheit mangels Berechenbarkeit einen eingrenzenden Horizont hat.

AB: Wir müssen demnach davon ausgehen, dass es Welten und möglicherweise sogar viele Welten gegeben haben könnte, bevor dieses unser heutiges Universum durch Urknall entstanden ist.

HS: Wir können es nicht ausschließen. Nur ist die Frage, was uns diese Art von Vorstellungen bringen soll. Es ist zum Beispiel auch damit zu rechnen, dass es parallel zu unserer Welt zahlreiche Welten gibt, die entweder ihr völlig gleichen oder doch in mancher abstrakter Hinsicht ähnliche Züge zeigen, nur eben mit dem Vorbehalt, dass eine gegenseitige Kommunikation oder auch nur eine einseitige Kommunikation nicht stattfindet. (...)

AB: Wenn Sie aber mehrere Welten parallel annehmen, würde dies heißen, dass unser Universum nur ein Teil der Welt ist.

HS: (...) Das eine ist, dass wir nichts für unmöglich halten dürfen, was wir nicht ausdrücklich aufgrund von Erfahrung und Logik ausschließen können, und das andere ist, dass wir nichts annehmen sollen, was wir nicht anzunehmen konkreten Anlass haben; und genau darauf könnte man sich hier berufen, dass es keinen konkreten Anlass gibt, parallele Welten für wirklich zu halten, die mit uns grundsätzlich in keinem Nachrichtenaustausch stehen.

AB: Theologisch würde sich das Problem ergeben: Ist Gott dann auch der Gott dieser anderen Welten? Immer wieder wurde in der Theologie diskutiert: Wenn es noch andere Lebewesen im Universum gibt, ist dann die Erlösung, die nach dem christlichen Ansatz realisiert ist, auch für sie realisiert, obwohl Jesus nicht auf ihrem Planeten gelebt hat? (...)

HS: Dazu würde mir eine naturwissenschaftlich sinnvoll motivierte Argumentation unmöglich erscheinen.

(...)

AB: Ein sehr wichtiger Aspekt des physikalischen Weltbildes ist, ob die Entwicklung des Universums insgesamt und aber auch die Entwicklung einzelner Vorgänge bis in die Feinstruktur hinein determiniert ist. Theologisch ist die Auseinandersetzung damit insofern bedeutsam, weil das Thema Freiheit im Sinne von: Kann der Mensch frei entscheiden, hat er Möglichkeiten der Gestaltung der Welt, hat er Möglichkeiten Einfluss zu nehmen auf determinierende Kräfte des Universums – eine zentrale Glaubensfrage und auch ethische Problematik ist.

HS: Auch diese Frage ist für uns nur sinnvoll im Zusammenhang dessen zu beantworten, was wir in Erfahrung bringen können. Ein Determinismus, über dessen Wirken wir uns keine Rechenschaft ablegen können auf der einen Seite oder einen solchen, den wir nicht widerlegen können auf der anderen Seite, ist nicht das, was für Naturwissenschaftler wichtig ist. Die Frage ist vielmehr, ob wir unser gesamtes Weltverständnis mit deterministischen Modellen leisten können. In diesem Sinne muss man heute sagen: Soweit die bisher entwickelte Physik nicht in fundamentaler Weise Irrtümern unterliegt, gelingt es uns nicht, mit deterministischen Modellen unser Auslangen zu finden. Das heißt: Wir dürfen letzten Endes einen allumfassenden Determinismus nicht annehmen. (...) Es gibt also Ereignisse in der Welt, die uns als Entscheidungen entgegentreten, die Frage ist nur, als Entscheidungen wessen.

AB: Das ist der theologisch interessante Punkt: Gibt es dann doch die Möglich-

6.0

keit, dass ein Geistwesen die Evolution zielgerichtet weiterlenkt? Für den Fall, dass das so wäre, stellte sich natürlich um so mehr die logische Frage, warum dieses Geistwesen den Prozess der Entwicklung des Universums so gelenkt hat und lenkt, dass es Erdbebenopfer gibt, dass es Krebskranke gibt, dass der Mensch ein solches Aggressionspotential in sich trägt, das immer wieder zu Kriegen führt usw.

HS: Die Auskünfte zur gesamten Fragestellung von naturwissenschaftlicher Seite sind auch hier sehr begrenzt. Vielleicht ist folgendes hervorzuheben: Großen Erfolg in der Naturwissenschaft haben eine Reihe von Theorien, die als Ausgangspunkt eine recht genau beschreibbare Vorstellung von Zufall haben und die im Ergebnis zu Erscheinungen führen, die uns, in sich betrachtet, als sehr kreativ vorkommen. Ob dabei unsere Einschätzung als Zufall oder unsere Einschätzung als Kreativität, wenn dies denn Gegensätze sind, eher illusionär ist, geht über das hinaus, was wir beweisen können: Das gilt jedenfalls derzeit und wahrscheinlich grundsätzlich.

(...)

So ist im Blick auf die Gottesfrage festzuhalten, dass der Hinweis auf die Tatsache, dass Gott nicht naturwissenschaftlich beweisbar ist, noch keine kompetente Aussage über die Existenz bzw. die Nicht-Existenz Gottes möglich macht.

Am Beispiel des Modells vom „Urknall" kann dies verdeutlicht werden: Geht man nach diesem Modell die Zeit des Weltalters – seien es nun 15 oder 20 Milliarden Jahre – zurück, kommt man an die Grenze von Raum und Zeit. Wer oder was die Bedingung dafür ist, dass es so etwas wie „Urknall" überhaupt geben konnte, kann nach diesen Modellen nicht mehr aufgewiesen werden. In unseren Dialogen ergab sich, dass als Bedingung der Möglichkeit des „Urknalls" mit derselben intellektuellen Redlichkeit Gott als Schöpfer angenommen werden kann, wie man von einem „Nichtschöpfer" oder einer anderen Bedingung dieser Möglichkeit ausgehen kann. Naturwissenschaftlich kommt Erkenntnis in diesem Bereich an die Grenze, während für Christinnen und Christen der Glaube an Gott den Schöpfer weit über diese Grenze hinausreicht. Für den Naturwissenschaftler ist festzuhalten, dass mit seinen Mitteln darüber keine Aussagen gemacht werden können.

Wenn man bereits im naturwissenschaftlichen Rahmen einsieht, dass es Dimensionen der Wirklichkeit geben kann, die noch überhaupt nicht erforscht bzw. noch nicht erforschbar sind, ist zumindest erkenntnistheoretisch die Frage nach der Möglichkeit der Existenz Gottes offen zu halten.

Religionsgeschichtlich ist davon auszugehen, dass es seit Jahrtausenden Menschen gibt, die ihr Leben von der Existenz Gottes her interpretiert haben. Einige Religionen gehen davon aus, dass sich Gott in ihnen konkret geoffenbart habe. Der Ansatz theologischer Rede ist zunächst nicht, dass Gott existiert, sondern dass es Glaubenszeugen dafür gab und gibt, die ihr Leben in Beziehung mit Gott interpretieren.

Speziell der christliche Glaube gründet letztlich – wie dies in jeder fundierten dogmatischen oder fundamentaltheologischen Argumentation aufgewiesen wird – in der Glaubwürdigkeit jener Frauen und Männer, die bezeugt haben, das Jesus, der Jude von Nazareth, der gekreuzigt wurde, an Ostern von Gott auferweckt worden ist und damit in ihm ein unvergleichbarer Einbruch Gottes in die Geschichte zustande kam.[39]

[39] vgl. dazu exemplarisch Walter Kasper, Jesus der Christus. Mainz[10] 1986.

Es ist sachlich aus heutiger Sicht unverständlich, dass es zum Konflikt zwischen Galileo Galilei und der Kirche kommen konnte. Wenn nämlich Gott der Schöpfer der Welt ist, dann ist es ja Teil seiner Schöpfung, dass die Erde um die Sonne und nicht die Sonne um die Erde kreist. Es kann keinen Gegensatz zwischen naturwissenschaftlicher Erkenntnis und dem Glauben der Kirche geben, wenn Gott all das erschaffen hat, was naturwissenschaftliche Erkenntnis unter Benutzung der von Gott geschaffenen Vernunft, als Erkenntnisobjekt hatte. Es ist vielmehr ein Problem der Qualität der Bibelauslegung und der kognitiven Durchdringung des Glaubens der Kirche, wenn es zu solchen Gegensätzen kommt. Das heißt auf der anderen Seite auch: Die Bibel ist kein naturwissenschaftliches Lehrbuch und darf daher nicht als solches missverstanden werden.

Dass es immer wieder Fundamentalisten gibt, die die Entstehung der Welt, der Erde, der Pflanzen, Tiere und der Menschen auf „sieben Tagen" mit je 24 Stunden fixieren wollen, zeigt lediglich deren beschränkten Denkhorizont; diese Menschen missachten die Bibel, lassen ihrem schöpferischen Wort nicht Spielraum für das, was es aussagen will: Gott ist der Schöpfer des Alls, der Erde, des Himmels, des Wassers, der Luft, der Pflanzen, der Tiere und des Menschen. Eine unzureichende Auslegung kann aus der Bibel ein lebensfeindliches, stumpfes Instrumentarium machen, das sich geradezu widersinnig gegen den sich offenbarenden Gott wendet.

Folgendes Beispiel ist hilfreich: Versetze Dich in die Lage, dass jemand in das Klassenzimmer hereinkommt und sagt „Du, Michael komm schnell mit, Deine

6.0

Mutter ist schwer verunglückt und liegt in der Klinik". Du gehst erschreckt aus dem Klassenzimmer hinaus und wirst in die Klinik gebracht, dort zeigt es sich, dass ein Irrtum vorliegt. „Wir haben uns getäuscht, es ist nicht Deine Mutter. Du kannst wieder zurückgehen in Dein Klassenzimmer". Du kommst zurück und sagst zu Deinen MitschülerInnen: „Mir fällt ein Stein vom Herzen".

Niemand wird sagen: Du lügst, man sieht ja gar keinen Stein herunterfallen. Tatsächlich fällt kein „Stein" auf den Boden, niemand sieht einen herunterfallenden Stein. Und dennoch: Alle verstehen, was Du damit ausdrücken möchtest: Gott sei Dank, das Schlimme ist doch nicht wahr. Ich bin erleichtert, dass meine Mutter nicht verunglückt ist. „Mir fällt ein Stein vom Herzen" ist also keine Lüge, sondern es ist in Bildersprache ausgedrückte Wahrheit. Es ist die reinste Wahrheit: Du bist erleichtert.

Für die Interpretation der Schöpfung durch Gott gilt analog: In sieben Tagen – sieben bedeutet Fülle, Ganzheit, Vollendung – schafft Gott Himmel und Erde, Wasser, Luft, Pflanzen, Tiere und den Menschen. Es wird damit ausgesagt: Du kommst von Gott, Du bist ein Geschöpf Gottes. Bevor er Dich erschaffen hat, hat er Himmel und Erde (das Weltall) Wasser und Luft, Pflanzen und Tiere erschaffen. Dass diese Reihenfolge auch naturwissenschaftlich den Erkenntnissen der Evolutionstheorie gemäß in der Reihenfolge richtig ist, soll dennoch nicht dazu verführen, die Bibel als naturwissenschaftliches Lehrbuch über die Entstehung des Weltalls, die Entstehung der Erde und des pflanzlichen, tierischen und menschlichen Lebens aufzufassen.

Eine kontradiktorische Verhältnisbestimmung zwischen Evolutionstheorie und christlichem Glauben ist demnach schöpfungstheologisch unsinnig, denn in vielen religionspädagogischen Situationen ist ein kritischer Knotenpunkt die Frage nach dem Übergang vom Tier zum Menschen und damit die Begabung des Menschen mit Geist und Seele durch Gott. Die Botschaft der Bibel ist: Gott hebt den Menschen aus dem Tierreich heraus, er gibt ihm Geist von seinem Geist, macht ihn zu seinem Abbild (Ebenbild Gottes). Die Einhauchung des „Odems" (hebr. „ruah") durch Gott meint einen sich in vielen Zusammenhängen vollziehenden Prozess und signalisiert die herausgehobene Qualität des Lebewesens Mensch. Es ist sehr wohl möglich, dass Gott in die menschliche Zeugungskraft (Teilhabe an der Schöpfungskraft Gottes) hinein die Grundbegabung gelegt hat, geistige Existenz weiterzugeben als Gabe eben des Geist schaffenden Gottes. Ob man von einem eigenen Eingriff Gottes bei der Zeugung eines jeden einzelnen Menschen sprechen kann und muss, ist eher ein Problem des fragenden menschlichen Geistes. Gott als Herr über Raum und Zeit kann das Gesamt von

Raum und Zeit, die gesamte menschliche Schöpfung mit seiner Geist schaffenden „ruah" ausstatten.

Andererseits kann die Schwelle vom Tier zum Menschen unter dem Gesichtspunkt betrachtet werden, dass erst einmal eine bestimmte physiologische Komplexität des Gehirns vorhanden sein muss, bevor Lebewesen als Geschöpfe Gottes Geistträger sein können. Das Beispiel von Hans Bernd Strack, dass Menschenaffen sich vor dem Spiegel wiedererkennen und damit als Übergangswesen zum Geistwesen Menschen zu interpretieren sind, kann dabei eine konkrete Verstehenshilfe sein. Solche naturwissenschaftliche Argumentationen sind theologisch hochinteressant, zumal sie auf der Basis heutiger Erkenntnis schöpfungstheologische Reflexionen anregen können.

Wenn man davon ausgeht, dass hinter der Schöpfung trotz oder gerade wegen der chaotischen Strukturen, die offenbar auch zur Entwicklung von Geist dazugehören, ein Ganzes steht und die Schöpfung – theologisch gesprochen – eine Tendenz auf Vollendung impliziert, kann man für eine möglichst breit abgesicherte naturwissenschaftliche Beschreibung und Deutung der Welt und des Menschen theologisch nur dankbar sein.

Die Bibel definiert den Menschen in Beziehung zu Gott, also macht die biblische Theologie Aussagen auf einer anderen Ebene als die Biologie. Sie interpretiert Menschsein im umfassenden Sinnhorizont der Gottesbeziehung. Dass Gott der Schöpfer des Weltalls und damit auch des Menschen sei, ist nicht ein Ergebnis induktiver Wahrnehmung aus Naturphänomenen. Die zentrale Gotteserfahrung Israels basiert vielmehr auf den Offenbarungssituationen des Exodus, auf dem Weg aus der Knechtschaft aus Ägypten durch die Wüste hinein in das „gelobte Land". Israel erlebt den Einen Gott, der es herausführt aus der Knechtschaft. Gott ist und er befreit sein Volk. Die Offenbarung des Gottesnamens JAHWE stiftet und prägt die Gottesbeziehung des Volkes Israel.

Bibelwissenschaftlich ist nachgewiesen, dass die Exoduserfahrung älter ist als der Glaube an Gott als Schöpfer. Der befreiende Gott wird später mit dem Schöpfergott identifiziert. Der Prozess der Gotteserkenntnis ist also progressiv und basiert sowohl auf den Erfahrungen mit Gott als auch auf der ständigen Reflexion dieser Erfahrungen. Dass es dabei zwei getrennte Schöpfungstraditionen gibt und die Erzählung der Entstehung des Menschen älter ist als die der Darstellung der Schöpfung der Welt, ist bibelwissenschaftlich gesichert und ebenso wenig ein Problem für ihre Glaubwürdigkeit wie die Integration von Schöpfungsmythen der Nachbarvölker. Diese Texte erschließen die zentrale

6.0

Aussage: Schöpfer der Welt ist JAHWE. Die vielen Götter der Nachbarvölker werden damit zu Geschöpfen, sie werden Teil der Schöpfung JAHWES. Die ganze Welt wie auch die ehemals mit göttlichen Attributen belegten Phänomene Sexualität und Fruchtbarkeit, Berge und Gewässer, Gestirne und Jahreszeiten usw. – sie alle sind nicht mehr Götter, sondern Geschöpfe.

Die priesterschriftliche Schöpfungserzählung (Gen 1,1-2,4a) bedient sich bei der Schilderung der Schöpfung selbstverständlich des zeitgenössischen Weltbildes; sie hat zeitgenössische Erkenntnisse über die Natur miteinbezogen; der Autor dieser Schöpfungserzählung ist allerdings nicht als Naturwissenschaftler zu verstehen. Man würde die Sinnspitze dieser Aussagen verlieren, wenn sie zu Texten für ein Biologiebuch eingeschränkt würden.

Zwischen der Erfahrung, die Befreiung aus der Knechtschaft Gott zu verdanken und der Erfahrung, dass die ganze Welt von Gott kommt, gibt es eine Verbindungslinie. Die Menschen erfahren es als Wunder, „am Leben zu sein" und verstehen dies als Schöpfung von Gott her. Am Leben zu sein wird als Zuwendung und Geschenk Gottes interpretiert, dies ist auch die elementare theologische Aussage für die heutige religionspädagogische Interpretation.

Die Jahwistische Schöpfungserzählung hat ein anderes Anliegen: Der Mensch kehrt sich von Gott ab, er trägt in sich die Potenz zum Bösen. Wie auch Mose untreu wird, so entscheidet sich schon das „erste Menschenpaar – gegen Gott. Bei der Darstellung der Welterschaffung wird vor allem auf die Schöpfung des Menschen abgehoben. Gott wird anthropomorph geschildert, dieser Textteil ist erheblich älter als die priesterschriftliche Schöpfungserzählung (Gen 2,4b-3,24) und besteht aus zwei Teilen: Gen 2,9.16f-25, der die Erschaffung des Menschen schildert, und aus 3,1-24, der die Sündenfallgeschichte darstellt. In der Jahwistischen Schöpfungserzählung wird Gott nicht als ELOHIM, sondern als JAHWE ELOHIM bezeichnet. Insbesondere Gen 2,7 weist darauf hin, dass der Mensch seine Geist-Gestalt von Gott bekommt, der von Gott eingehauchte Lebensatem gibt dem Menschen eine lebendige Seele.

Fasst man wesentliche Elemente der jahwistischen Schöpfungserzählung über den Menschen zusammen, dann ist die Sündenverflochtenheit des Menschen, die Partnerschaft des Menschen mit Gott und umgekehrt die Begrenzung des Menschen typisch. Aus dem Alten Testament sind weiter vor allem die Schöpfungslieder, so etwa Psalm 8 als Lobpreis und Staunen über Gott als den Schöpfer von elementarer Bedeutung.

In der neutestamentlichen Theologie sieht vor allem Paulus in Christus das Urbild der gesamten Schöpfung (vgl. 1Kor 8,6; Kol 1,15). Er weite die Erlösung durch den Tod und die Auferstehung Jesu Christi auch au die nichtmenschliche Kreatur aus (vgl. Röm 8,18ff) und bringt eine intensivierte Deutung der Gottebenbildlichkeit des Menschen ein: Jesus Christus selbst ist Imago Dei, dem Christinnen und Christen nachfolgen sollen.

Skizziert man die Schöpfungsaussagen aus dem Alten und Neuen Testament auf die einfachste Weise, so ergibt sich:
- der Mensch ist Geschöpf unter anderen Geschöpfen, er ist Bild Gottes,
- der Mensch ist von Gott als Mann oder Frau geschaffen, er ist Sünder und trotzdem Begnadeter,
- der Mensch ist zu verstehen als Einheit aus Leib und Seele.

Solche genuin theologischen Deutungen des Menschen stehen nicht in Konkurrenz zu naturwissenschaftlichen Beschreibungen.

Signale aus dem Weltall

Das Licht ist der Botschafter von den Dingen. Die reflektierenden Strahlen senden die Signale, die das Auge interpretiert. Das Auge fügt Farbe, Textur, Räumlichkeit zur Ganzheit der Dingerfahrung. Der Sehprozess verläuft so schnell, dass man sagen kann, der Mensch begegnet den Dingen seiner Umwelt in Gleichzeitigkeit. Sie sind uns gegenwärtig.

Das Licht eines fernen Sterns vermittelt uns hingegen Vergangenheit. Seine Erscheinung ist zwar gegenwärtig, aber zwischen dem Senden des Sternenlichts und dem Empfang auf Erden kann mitunter ein Zeitraum von Jahren, von Jahrtausenden liegen. Zeitpunkte einer Vergangenheit von unvorstellbarer Dimension. Dennoch errechenbar durch die Geschwindigkeit des Lichts. Hier liegt der Konflikt: Wir nehmen einerseits ein Licht mit unseren Sinnen jetzt und hier wahr, das vor beträchtlichen Zeiten von einem Himmelskörper ausgesandt wurde; was wiederum andererseits für uns nicht vorstellbar ist, möglicherweise etwas zu sehen, was nicht mehr existiert. Der Blick in die Vergangenheit muss unserer sinnlichen Erfahrung widersinnig erscheinen.

Je weiter der Mensch mit seinen Hilfsgeräten in die Tiefen des Weltalls vordringt, desto abstrakter werden die Begriffe von Zeit, Raum und Werten in langen Zahlenreihen. Menschlicher Geist meint somit, die Endlichkeit des Alls immer tiefer und weiter zu erforschen. Doch je weiter die Grenzen des Endlichen

6.0

gesteckt, desto weiter die unbegreifliche Unendlichkeit hinter diesen Grenzen. Auch ein solcher Satz mündet in Sprachlosigkeit. Es sei denn, wir erkennen im Unendlichen das Mysterium des Unerforschbaren. Der Begriff der „Unendlichkeit" des Kosmos scheint zunächst umgangen, folgt man der Theorie der Krümmung des kosmischen Raums. Diese kann bei uns die Vorstellung vom Innern eines kugelförmigen Raums provozieren. Doch bleibt dann die Frage nach dem Außerhalb der Kugel. Die Endlichkeit des Modells einer rundgeschlossenen Welt in einem unendlichen Nichts?

Die Lichtsignale von einem klaren Nachthimmel sind dem Astrologen Vermittler von Messdaten – zur Erforschung der „Welt". Uns, den normalen Beobachtern dienen sie als erfreuliches Naturereignis. Anders, wenn diese Lichterscheinungen am Himmel von außerordentlicher Art sind. Dann weiß die Presse zu berichten:

„Fremde Blitze in der Nacht. Mysteriöse Lichterscheinungen am dunklen Himmel haben in der Nacht zum Sonntag zahlreiche Menschen vor allem in Bayern in helle Aufregung versetzt. Bei den Polizeidienststellen liefen die Telefone heiß: Hunderte besorgte Bürger berichteten von grellen Lichtblitzen, die mit unglaublichen Tempo über den Himmel geschossen seien. Die mysteriösen Nachtlichter hätten Funkenschweife hinter sich hergezogen und den Himmel teilweise taghell erleuchtet. Manche Anrufer vermeldeten zudem ein längeres Donnergrollen und laute Explosionsgeräusche. Der genaue Hintergrund des nächtlichen Phänomens blieb am Sonntag unklar: So wurde zunächst ein Zusammenhang mit der Nasa-Meldung über den Absturz von Weltraummüll vermutet. Das schloss die US-Raumfahrtbehörde jedoch aus... Entgegen ersten eigenen Vermutungen schloss der Deutsche Wetter-Dienst in Offenbach einen Zusammenhang mit dem Kometen „Ikeya-Zhang" im Laufe des Sonntags aus. Nach Angaben des Experten Otto Guthier ist eine große Sternschnuppe die Ursache. 'Es handelt sich um eine ´Feuerkugel´, also eine Sternschnuppe von großer Masse', sagt der Experte... Eine mögliche Erklärung lieferte die Mannheimer Ufo-Meldestelle, die den Ursachen von Ufo-Meldungen nachgeht: Die Lichtblitze seien vermutlich auf einen „Feuerball-Boliden", ein großes Stück kosmischer Materie, zurückzuführen."[40]

[40] Der Tagesspiegel, 8. April 2002, 28.

Die Zukunft der Menschen im Außerirdischen?

Eine globale Ahnung geht umher: In Angst und Schrecken sehen sich die Menschen versetzt. Das Leben auf diesem Planeten scheint bedroht. So werden Flugzeuge voller Passagiere zu zielgerichteten todbringenden Raketen. Per Post kommen tödliche Viren ins Haus. Es ist die Zeit, die Zukunft der Menschen in apokalyptischen Farben zu malen:

Die Zukunft der Menschen liegt im Außerirdischen. Das Überleben wird im kommenden Jahrtausend nur durch Besiedlung anderer Planeten möglich. Denn unbewohnbar wird die Erde sein. Nicht durch eine kosmische Katastrophe verursacht, durch Kollision mit einem Asteroiden zertrümmert. Nein, die Menschheit wird sich gegenseitig ausrotten. Man wird gewissermaßen Super-Viren entwickeln, die wirksamer als Atombomben sein werden. All das mutet nach dem Drehbuch einer Science-Fiction-Serie an.

Der Autor dieser erschreckenden Zukunftsvision ist der Astrophysiker Stephen Hawking. Man nennt ihn den „klügsten Kopf unserer Zeit". Vor Jahren schon hat das „Superhirn" Hawking eine andere Prophezeiung für die Ursache der künftigen Unbewohnbarkeit unseres Planeten genannt – die Erde würde durch den Treibhauseffekt bis zum Kochen aufgeheizt. Jetzt aber greift Hawking die menschlichen Ängste und deren Ursachen auf: Durch globalen Bio-Terror werden die Menschen das Leben auf der Erde auslöschen. Rechtzeitiges Auswandern auf bewohnbar gemachte andere Planeten ist die Chance für ein Weiterbestehen der Menschheit. Der „klügste Kopf unserer Zeit" – Stephen Hawking – wird zum modernen Apokalyptiker.

Hierzu schreibt Janositz: „Atheist auf der Suche nach den Gedanken Gottes" Und er zitiert Hawking: „Ich möchte verstehen, warum das Universum so ist, wie es ist, und warum es überhaupt existiert." Er wolle „die Gedanken Gottes lesen", wobei Gott für den Atheisten nur ein schöneres Wort für die abstrakten Gesetze der Physik ist. Dieses Ziel möchte er mit einer Weltformel erreichen, die Einsteins Relativitätstheorie mit der Quantenmechanik verbindet. Ein Satz mathematischer Gleichungen, der vom Urknall bis zu den Atomen alles erklären soll. In den 70er Jahren glaubte Hawking noch, diese Formel bis Jahr 2000 finden zu können. Inzwischen hat er die Frist auf das Ende des 21. Jh. verschoben. Denn was die Zukunft der Menschen angeht, ist Hawking pessimistisch. Nacheinander hat er bereits ihr nahendes Ende durch den Treibhaus-Effekt und einen Killer-Virus vorausgesagt. Auch einen Kometeneinschlag hält er für möglich. Panikmache werfen ihm Kritiker vor.

Kritik an Hawkings Thesen übt jetzt auch der Leiter der vatikanischen Sternwarte, der Jesuitenpater George Coyne. Hawking verfüge über keinerlei philosophische und theologische Bildung, er sei lediglich Naturwissenschaftler. Vor allem bemängelt der vatikanische Chef-Astronom die Schlussfolgerungen aus

6.0

[41] Der Tagesspiegel, 8. Januar 2002.

der These, dass das Universum keinen Anfang habe. Coyne erklärte, selbst wenn diese These stimme, schließe sie nicht die Existenz Gottes als Schöpfer aus, wie Hawking behaupte.[41]

Sehnsucht nach dem Ende der Welt – apokalyptischer Terrorismus

So betitelt der bekannte evangelische Theologe Jürgen Moltmann seine Gedanken:
„Das Szenario der Verbrechen vom 11. September 2001 im World Trade Center in New York und im Pentagon in Washington hat viele Menschen so fassungslos gemacht, weil es keinem vernünftigen, sondern einem apokalyptischen Drehbuch folgte. Sehen wir noch einmal hin: dort das World Trade Center, Symbol des globalisierten Fortschritts der modernen Welt, dort das Pentagon, Symbol der Supermacht Amerika – hier in den gekaperten Flugzeugen die anonymen Massen-Mörder, Vollstrecker, wie sie glauben, des Gerichts einer überirdischen Macht.

Die Dramaturgie ihrer Handlungen war zweifellos religiös, aber diese Charakterisierung genügt nicht. Innerhalb des Religiösen war sie offensichtlich eschatologisch vom Pathos des Endes beherrscht. Wir nennen das heute „apokalyptisch", obgleich es wenig mit den alten apokalyptischen Traditionen zu tun hat.

Aber auch das World Trade Center und das Pentagon sind nicht nur zweckdienliche Stätten modernen Handelns und militärischer Planung. Sie haben auch Symbolwert. Sehen wir genauer hin, dann finden wir hier ein anderes religiöses Muster, nicht das apokalyptische vom „Ende der Welt", sondern das Millennaristische von der „Vollendung der Weltgeschichte" durch Globalisierung wirtschaftlicher und militärischer Macht. Auch dieses Denkmuster ist vom Pathos des Endes beherrscht und lässt keine Alternative zu. Was am 11. September 2001 in New York und Washington geschah, war der Zusammenstoß einander widersprechender Weltenvorstellungen: einer triumphalen Weltvollendungsidee hier – und einer apokalyptischen Weltbeendigungsidee. Es war der Anschlag der terroristischen Beendigung der Welt auf die globale Vollendung der Weltgeschichte.

Vorstellungen von einem „Ende der Geschichte" richten sich entweder auf das Ziel oder das Ende der Geschichte. Hat die Weltgeschichte ein vorbestimmtes Ziel, dann ist dieses ihre Vollendung, und die Geschichte schreitet stufenweise voran. Nach biblischen Traditionen ist es das Reich des Menschensohns und das „Tausendjährige Reich" Christi; nach antiker Vorstellung ist es das

„Goldene Zeitalter", das nach Virgil das „eiserne Zeitalter" der Gegenwart ab-
lösen soll; nach modernen Hoffnungen ist es das „Reich des ewigen Friedens"
(Kant) und das „Reich der Freiheit" (Hegel). Es sind messianische Vollendungs-
vorstellungen.

Findet dagegen die Weltgeschichte ihre Beendigung im Ende der Welt, dann wird
sie durch Katastrophen abgebrochen. Nach biblischen Traditionen ist das der
„Weltuntergang", nach antiken Vorstellungen der „Weltenbrand"; nach modernen Befürchtungen atomare, ökologische oder neuerdings terroristische Katastrophen. Endvorstellungen dieser Art nennen wir „apokalyptisch". Sie gliedern
nicht den Fortschritt, sondern entziehen jeder Epoche der Geschichte ihren Sinn.
Weltgeschichte ist sinnlose Gewalt- und Leidensgeschichte: Ihr Ende ist das
Beste an ihr. "[42]

[42] Die Zeit, 27. Dezember 2001.

Globalisierung der sinnlichen Wahrnehmung

Hinterm Horizont geht's weiter

Unvorstellbar ist es für uns heute, dass unser Lebensbereich auf den Horizont beschränkt bleibt, innerhalb dessen wir wohnen und arbeiten. Die Geschichte der Menschheit berichtet von Perioden des Wechsels von Wanderungen der Völker und wiederum deren Ansiedlungen. Bedenken wir heutzutage nur, dass einige Generationen vor uns ein Leben lang kaum die Enge ihres Wohnortes verlassen haben. Es war ein persönliches Abenteuer, sich hinter die Grenzen des heimatlichen Lebensraums zu begeben.

Doch dann der rasante Prozess ins Zeitalter der Kommunikation, der Bewegung der Menschen, der Austausch von Nachrichten zwischen ihnen. Es beginnt, so meinen die einen, mit der Erfindung der Eisenbahn, dem Massentransport von Menschen und Gütern und andererseits mit dem Transport von Information mittels der Massen-Auflagen von Zeitungen.

Nach Eisenbahn und Zeitung waren es die Flugzeuge, mit denen einige wenige Wagemutige den Kreis des Horizontes zu erweitern wussten. Eine Generation danach konnten sich die Menschen bereits des Flugzeuges als Massentransportmittel bedienen. Das Abheben von der Erde verändert für den Fluggast die gewohnte Erfahrung vom Horizont als einer waagerechten Trennungslinie von Himmel und Erde: Je höher das Flugzeug steigt, sich von der Erde entfernt, desto gekrümmter erscheint diese Linie. Das, was wir längst wissen, wird nun erfahrbar: Die Erde ist eine Kugel.

Es hatte bislang von der Plattform Erde betrachtet den Anschein: Am Horizont stoßen Himmel und Erde aufeinander. Je weiter wir uns aber von der Erde entfernen, desto stärker gewinnen wir die Einsicht: Die Erde ist ein Teil des Himmels; die Erde ist kugelrund wie die anderen Himmelskörper. Die Entwicklung von Raketen, welche die Gravitation der Erde überwinden und die Astronauten in Raumschiffen auf eine Umlaufbahn bringen, macht es deutlich: Sieht man von dort unseren kugelförmigen Planeten, ist damit die irdische Erscheinung eines waagerechten Horizonts verloren gegangen. Mit einem wesentlichen Teil seiner Orientierungshilfen zur sinnlichen Wahrnehmung seiner Umwelt verliert der Astronaut mit dem Entfernen vom Einflussbereich der irdischen Anziehungskraft die Horizontale. Oder mit anderen Worten: Hinter dem Horizont existiert dieser nicht mehr.

Auf dem Fluchtweg, den Fesseln der irdischen Gravitation entwichen, verliert der Astronaut die Orientierungshilfe der Waagerechten, gewinnt den beherrschenden Eindruck der Rundung als Kontur der Kugel. Hat er bislang diese am Anblick von Sonne und Mond erfahren, jetzt wird für ihn unübersehbar die dritte Kugel, die der Erde. Alles Geradlinige hat im All keinen Platz. Selbst der Weltenraum ist gekrümmt.

Unsere Erde als ein winziges Körnchen im kosmischen Raum ist eine Erkenntnis der Astrologen. Das persönliche Erlebnis der Astronauten hingegen ist eine gewaltige Kugel Erde, die sie, durch die Luken ihres Raumschiffes umfassend, global erleben. Der irdische Alltag hat auch ihnen immer nur einen knappen Ausschnitt der Erdoberfläche geboten; der Blick aus einem Flugzeug etwa in 10 Kilometer Höhe ließ schon eher etwas von der Kugelförmigkeit erahnen. Jetzt aber in der Kreisbahn von 360 Kilometer Abstand unterliegt die Wahrnehmung der Erde einer „Globalisierung".

Der Duden hat die Vokabel „Globalisierung" erst vor nicht langer Zeit aufgenommen. Schlagwortartig wird sie inzwischen vielfältig verwandt: Globalisierung der Wirtschaft, Globalisierung der Politik. Politische, wirtschaftliche Interessen sprengen mehr und mehr die nationalen Grenzen. Bilaterale Verbindungen (die sich in der Vergangenheit oft gegen Dritte richteten) werden durch internationale Verträge ersetzt. Kultureller Austausch gewinnt an Umfang. Globalisierung kann die Vielfalt der menschlichen Kulturen bedrohen.

Hier nur andeutungsweise: Der Begriff der „Globalisierung" steht für den Prozess zunehmend umfassender – also globaler – menschlicher Problemstellungen. Und das besonders in den letzten Jahrzehnten, also in dem Zeitraum der astronautischen Erkundungen der Erde von außen, ihrer globalen Wahrnehmung. Obwohl die Menschen längst von der Kugelförmigkeit ihres Heimatplaneten wissen und seit 1492 auch durch Martin Behaim, der in Nürnberg die erste räumlich-geografische Darstellung (soweit damals erkundet) – den Globus – herstellte. Erst 1961 konnte der erste Mensch mit Hilfe einer hoch entwickelten Technologie mit eigenen Augen die Erde als ein globales Ganzes wahrnehmen.

7.0

Es wäre vermessen, kausale Zusammenhänge konstruieren zu wollen, zwischen der Globalisierung der Erdwahrnehmung und der politisch-wirtschaftlichen. Doch ist die zeitliche Parallelität dieser Globalisierungsprozesse immerhin bemerkenswert. Vielleicht kann die globale Wahrnehmung der Erde durch die Astronauten und deren Vermittlung durch Bild und Wort hilfreich sein, die irdischen Probleme in ihren globalen Verknüpfungen zu begreifen.

Blick nach oben – Blick nach unten

Die Oberfläche der Erde, unsere Umwelt, vor uns und unter uns – also von unseren Füßen bis hin zum Horizont in Augenhöhe – ist unser Blickraum, unser alltägliches Aktionsterrain. Darauf sind unsere Sinne, unsere biologische Haltung, ausgerichtet. In diesem Bereich suchen und finden wir Information zur Erkennung von Gefahren, zur Orientierung in uns fremden Orten, aber auch Erfüllung der Erwartungen am bekannten Orte. Information, besonders visuelle, hier „unten" auf Erden ist ein lebenserhaltender Faktor – heute wie damals bei unseren Vorfahren, den Jägern und Gejagten der menschlichen Urzeit. Die literarische Figur des Hans-Guck-in-die-Luft ist als pädagogische Warnung zu verstehen. Und suchen wir ab und an nach Information durch einen Blick nach oben gen Himmel, so erfragen wir Auskunft über das Wetter.

Das alltägliche Bewegen verläuft auf Wegen, drinnen im Hause wie draußen auf Straßen. Die sich immer wiederholenden Gänge und Fahrten auf den uns „geläufigen" Wegen verfolgen wir weitgehend instinktiv, so auch in mangelnder visueller Aufmerksamkeit. Eine nicht erkannte Stufe führt zum Fall, ein Stein wird zum Stolperstein, in den sich immerwährend verändernden Situationen im Straßenverkehr lauern Gefahren. Das um so mehr, wenn uns die Wege fremd sind und sich die Aufmerksamkeit auf die örtliche Suche konzentriert.

Bei all unserem Bewegtsein richtet sich die Aufmerksamkeit auf den Aktionsbereich der schreitenden Füße bis hin zum Blickhorizont der Wege. Die Augen sind fortwährend in suchender Bewegung. Hierbei schwankt die Spannweite des Sehens überwiegend vom gesenkten bis zum geradeaus Blicken. Das gleiche können wir bei unseren handhabenden Tätigkeiten mit griffbereiten Werkzeugen beobachten: in der Küche, sitzend beim Essen, am Schreibtisch, an der Werkbank, am Steuer eines Autos usw. Menschen, die miteinander sprechen, tun dies gewöhnlich „Aug in Aug". Nicht dass man dadurch besser hört, doch das einander Beachten gibt dem gesprochenen Wort durch begleitende gestische und mimische Äußerungen unterstützende Verständlichkeit und persönliche Färbung.

Alles, was mit Fortbewegung und Tätigkeit des Menschen zu tun hat, wird von ihm visuell kontrolliert – vom Standpunkt bis zum Blickhorizont. Fast alles. Die Betrachtung überragender Erscheinungen, wie Baumriesen, „Wolkenkratzer" oder eine Gotische Kathedrale sind eher die Seltenheit in seiner alltäglichen Betriebsamkeit. Diese Erscheinungen werden als gewaltige Kraft der Natur, bzw. als Mut (auch als Übermut) menschlichen Erfindergeistes vom babylonischen Turmbau bis zum modernen Hochhaus aus Eisen und Glas und von himmlischer Sehnsucht als Ausdruck des gotischen Kirchenbaus staunend betrachtet. Vor diesen Gegenständen muss der Mensch zurücktreten, um sie in der Gänze sehen zu können – von unten bis oben.

Extrem steiles und länger andauerndes Nachobensehen wird schmerzhaft erfahren, da der Aktionsradius unseres Kopfes dafür nicht geeignet ist, wie bei der intensiven Betrachtung eines Deckengemäldes. Manche haben heftige Kopfschmerzen nach längerem Aufwärtssehen zu Michelangelos Deckenfresken in der Sixtinischen Kapelle. Die Bewegungsmechanismen des menschlichen Kopfes sind ganz auf den Alltagsgebrauch eingestellt. Es ist sicher nicht die Regel, mit dem Blick nach oben Gefahren zu erkennen – einen aufkommenden Wirbelsturm, herabfallende Dachziegel u. ä.

Der „Blick nach oben" ist vielfach besinnlicherer Art. Ein Fernsehbild: Im brodelnden Kessel eines Fußballstadions betet offensichtlich vor dem Anpfiff des Spiels ein südamerikanischer Sportler, bewegt seine Lippen, macht ein Kreuzzeichen und blickt dabei kurz nach „Oben".

Der Blick nach oben gilt bisweilen den dort gebotenen himmlischen Naturereignissen, die wir besonders in Stunden der Muße erleben können. Frei vom geschäftigen Verfolgen der alltäglichen Verrichtungen taucht unser Blick nach oben in das tiefe Blau des Himmels ein oder beobachtet die sich immer wieder verändernden Formen der Wolken. So wie Shakespeares Hamlet eine sich wandelnde Wolke beschreibt – die ihm bald wie ein Kamel, bald wie ein Wiesel oder wie ein Walross erscheint. Dererlei Betrachtungen genießen wir vielleicht auf einer grünen Wiese oder am Strand liegend. Phantasie und Seele erhalten Nahrung.

Auf der Grenzlinie des Oben-Unten-Sehens, des Horizonts, wird das Naturereignis verfolgt, das die Menschen immer wieder fasziniert: der „Sonnenaufoder -untergang". Den Wandel der Rotfärbung zu genießen, kommt der natürlichen Haltung des Kopfes viel mehr entgegen als das Nachobensehen. Über das Farbschauspiel hinaus erleben wir die Aufhebung des Kontrastes von Oben

7.0

und Unten. Der Himmel, die Sonne, werden nicht mehr über dem Betrachter wahrgenommen, sondern vor ihm in der Tiefe des Blickraums. Das jahrtausende alte Modell von der Erde als ein flacher Teller, über dem sich der Himmel als eine Glocke wölbt, wird vom Ereignis des so genannten „Sonnenuntergangs" zunichte gemacht. Die Sonne durchbricht die geschlossene Wölbung des Himmels und versinkt hinter dem irdischen Tellerrand. Spätestens hiermit signalisiert uns das Geradeaus-Sehen, was wir längst wissen: Das topographische Verhältnis von Himmel und Erde ist nicht mit „oben" und „unten" zu definieren.

Doch zurück zu den Überlegungen von Ursache und Wirkung unserer Blickrichtung – nach unten und nach oben. Zusammenfassend lässt sich sagen:

- Nach-unten-Sehen
dient dem Menschen zur Orientierung in seiner Umwelt, bei seiner Bewegung, seinem Laufen und Fahren, seinen verschiedensten Tätigkeiten, es dient nicht zuletzt seinem Überleben. Wir können es als „Alltagssehen" bezeichnen.

- Nach-Oben-Sehen
dient der Beschaulichkeit, ergänzt damit die Geschäftigkeit des Alltagssehens. Es geschieht in entspannter Haltung, dient der Muße, der besinnlichen Betrachtung himmlischer Weite. Als geeignete Metapher mag hierfür „Sonntagssehen" stehen.

Die Senkrechte

Wenn auch Dantes Wanderung – hin zur Mitte der Erde, hindurch und auf der gegenüberliegenden Seite wieder heraus – mühsam in vielen Windungen verläuft, so bleibt global die Richtung die gleiche. Doch bis zur höllischen Mitte wird sie als „abwärts" und von dort als „aufwärts" bezeichnet. Das Oben-unten – wie bereits zuvor erwähnt – erfährt auf dem Wege eine Umkehrung nach Unten-oben. Unsere Vorstellung von diesem logisch erscheinenden Vorgang durch die Erdkugel tut sich schwer. Unsere Schemazeichnung kann vielleicht verdeutlichen, warum dies so ist (Bild 3).

Drehen wir dieses Bild in beliebiger Richtung, immer werden wir jeweils das obere Männchen als auf dem Erdkreis stehend erkennen. Während das untere Schemamännchen – also der Antipode auf der gegenüber liegenden Seite der Erde – an dieser kopfüber zu hängen scheint. Insofern reagiert unsere Bildwahrnehmung so subjektiv wie die des Astronauten. Sagt er doch: Unten ist da, wo die Füße sind und demnach oben, wo der Kopf ist. Dass aber auch wir an der Erde haften bzw. an ihr hängen, ist für uns schwer vorstellbar. Fehlt uns doch die globale Erfahrung von dem Planeten, auf dem wir leben. Der Astronaut gewinnt eine solche erste Anschauung von der Erde als kugelförmiger Ganzheit.

Bild 3

Unsere Oben-Unten-Empfindung ist durch die Schwerkraft des jeweiligen Stand-ortes bedingt. Entsprechend funktioniert auch unsere Bildwahrnehmung. Die nächste Grafik kann uns das verdeutlichen (Bild 4).

7.0

Die vielfach um eine Achse gedrehte Zeichnung von Leonardo da Vinci assoziiert vielleicht die Auflösung der Oben-unten-Ordnung im Raumschiff der Astronauten. Wir als Betrachter des Bildes gehen jedoch von dieser für uns gültigen Ordnung aus und identifizieren uns allein mit der Darstellung des Mannes, der in Relation zu dieser Buchseite seinen Kopf oben hält und unten auf seinen Füßen steht.

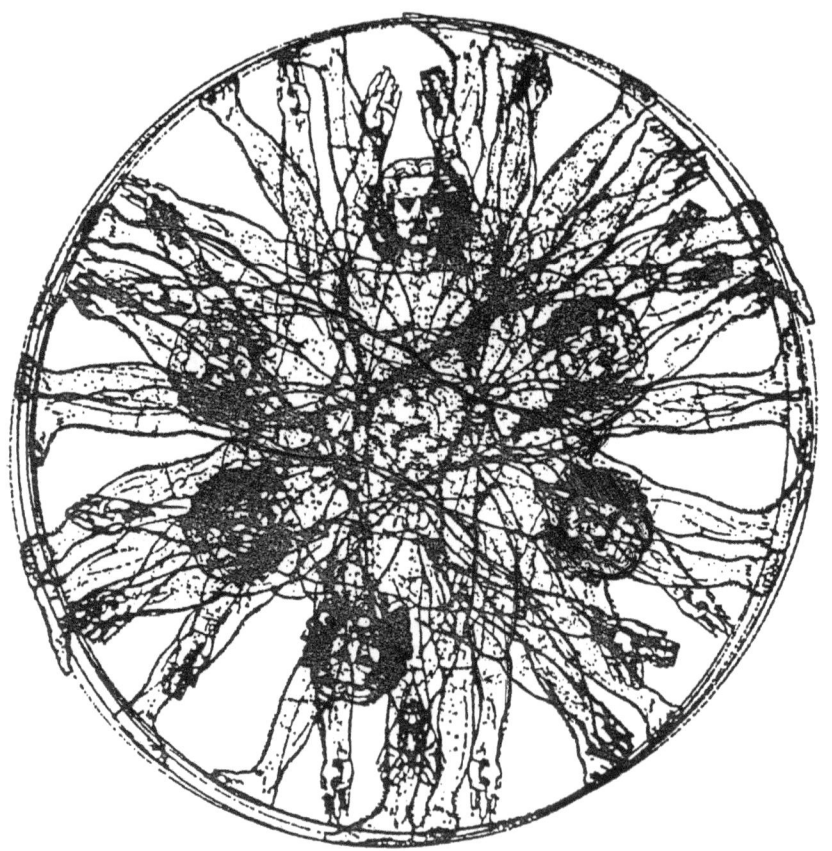

Bild 4

Wir identifizieren uns also unter den angebotenen Varianten mit der Figur, die uns standfest erscheint. Sinnbildlich wird der Mensch geschätzt, der „standhaft" ist, einen „Standpunkt" hat und diesen vertritt oder der, welcher „mit beiden Beinen im Leben steht". Man spricht von einem wendigen Lebenskünstler, er käme „immer wieder auf die Beine".

Wenn wir von der folgenden Grafik (Bild 5) sagen, eine schwarze Kugel fällt zu Boden, nachdem sie ein von Linien gerastertes Feld durchbrochen hat, dann wird eine solche Interpretation des Bildes kaum auf Widerspruch stoßen. Doch, was macht uns so sicher, dass ein starres Bild Bewegung auszudrücken vermag – noch dazu eine bestimmte, eine Bewegung von oben nach unten. Wir versuchen die Kriterien aufzuspüren, nach denen sich eine derartige Bildwirkung erklärt:

7.0

[43] G. Braun (hrsg. in Zusammenarbeit mit Novum Gebrauchsgraphik, internat. Monatszeitschrift für Kommunikations-design): Grundlagen der visuellen Kommunikation. 2. überarb. Aufl., München 1993.

- Zunächst kann man allgemein davon ausgehen, dass die gegebene Deutung des vorliegenden Bildes das Ergebnis eines Prozesses ist, den wir als „visuelles Denken" bezeichnen[43]. Das heißt, das Sehsystem interpretiert spontan, ohne dass der durch die grafische Vorlage verursachte Reiz erst durch gedankliche Reflexion bewertet wird. Visuelles Denken ist die Fähigkeit, welche durch sinnliche Erfahrung gewonnen wird – eine menschheits-geschichtliche wie individuell gewonnene Erfahrung.

- U.a. ist eine solche Erfahrung die der Gravitation. Einen Körper, den wir nicht ruhen, sondern fallen sehen, der fällt gewöhnlich von oben nach unten. Unser Bild suggeriert eine solche Fallbewegung im verstärkten Maß, da die schwarze Kreisfläche bzw. die schwarze Kugel eine Fallspur im Feld der Li-nien hinterlässt.

- Dazu kommt ein weiteres bemerkenswertes Phänomen: Die hell erscheinende Bewegungsspur wird auch da deutlich, wo sie aus dem Feld heraustritt. Obwohl materiell nicht existent, macht das Auge gewissermaßen einen hellen Schweif oberhalb der schwarzen Kugel sichtbar, der heller erscheint als das Papierweiß des Umfeldes. Diese Eigenproduktion des Auges ist eine Fähigkeit des Sehsys-tems, eine Sehhilfe neben vielen anderen, die unsere alltägliche visuelle Wahr-nehmung erleichtert.

- Die bildliche Fallbewegung von oben nach unten entspricht – über das Gesagte hinaus – einem allgemeinen Phänomen der Bildwahrnehmung. Auch wenn wir das Bild flach vor uns auf den Tisch legen, bleibt die interne Oben- unten Ordnung des Bildes erhalten. Und das, obwohl jetzt realräumlich das Unten des Bildes zum Vorne und das Oben zum Hinten wird. Unsere schwarze Kugel kommt also durch das Hinlegen des Bildes nicht in eine Ruhestellung.

- Räumlichkeit und Bewegung – Eigenschaften, die das starre, flächige Bild selbst nicht besitzt – nehmen wir dennoch in diesem wahr. So sind wir geneigt, die schwarze Kreisfläche gewichtiger als Kugel zu sehen. Auf diese Weise ergän-zen und verstärken sich die genannten Kriterien der Wahrnehmung dieses Bildes gegenseitig: Die Fallbewegung des schwarzen Kreises wird durch seine Deutung als Kugel verstärkt. Das Gleiche gilt für die Ver-stärkung der Helligkeit in der Schneise des Rasterfeldes, die wiederum in ei-ner wechselseitigen Kausalität zur Fallbewegung steht. Das Auge aktiviert all seine Kräfte, um die fundamen-talen Eindrücke der Sinne von unserer Umwelt bildlich zu reproduzieren – nicht jedoch zu imitieren.

Wie stark unsere visuelle Wahrnehmung von den Erscheinungen der Schwerkraft der Erde geprägt ist, lässt sich durch eine spontane Deutung stark stili-
sierter Zeichen erkennen – wie bei diesen beiden Piktogrammen (Bild 6).

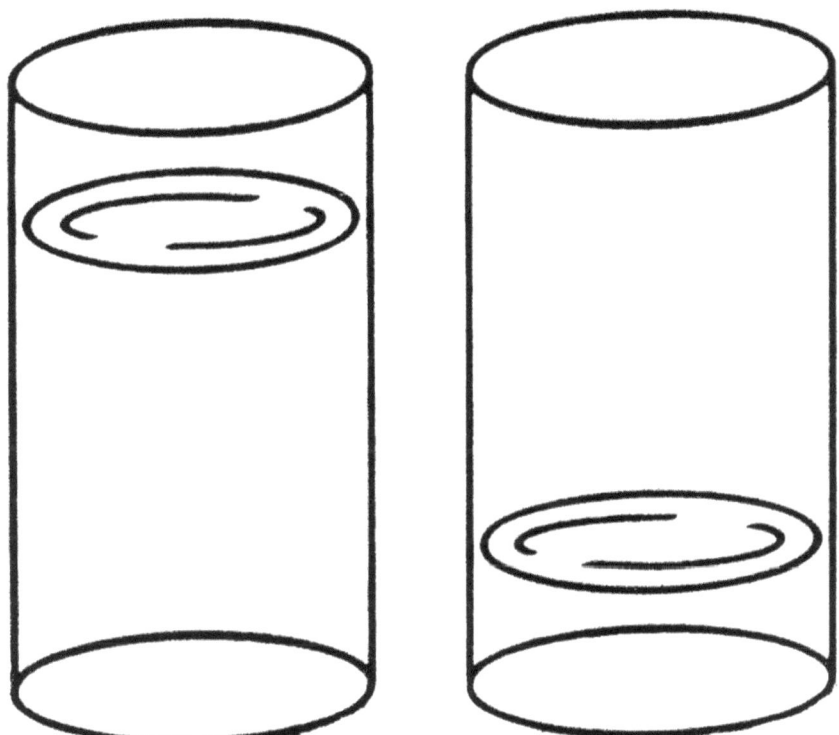

Bild 6

Wir können uns sicher darauf verständigen: Die linke Darstellung steht für ein
„fast volles Glas", das rechte für ein „fast leeres". Obwohl die Veränderung nur
darin besteht, dass das zweite Bild die Umkehrung des ersten ist. Die beiden
linear dargestellten zylindrischen Körper markieren jeweils zwei inhaltliche Zustände – gefüllt oder leer. Unsere Schwerkrafterfahrung entscheidet ohne Zö-
gern: Der gefüllte Teil des Glases, der also schwerere, ist unten und der leere
Teil, der leichtere, ist oben. Auch dieses Anzeichen der Schwerkraft, 'leicht' ver-
sus „schwer" unterliegt dem Wahrnehmungsmuster von Oben-unten – in der
Realität und ebenso in der Interpretation des Bildes.

7.0

Doch sind mitunter stark reduzierte Zeichen zweideutig. Sie vermitteln uns einen ersten spontan erfassten Inhalt, danach schlägt die Deutung des Zeichens in einen ganz anderen Sinn um. Wird dieses von Wolfgang Metzger entlehnte Zeichen (Bild 7) mit der Aufforderung, es von unten nach oben zu betrachten, so wird überwiegend interpretiert: Stiel mit Blättern bzw. Knospen, Lilie, Blume oder Pflanze – also wird etwas Vegetatives erkannt. Das geschieht in Übereinstimmung der Blickrichtung des Betrachters mit der Wachstumsrichtung der Darstellung von Pflanzlichem. Bemüht man sich hingegen, dasselbe grafische Zeichen von oben nach unten zu „lesen", wird man Steuer, Schaft und Spitze eines Pfeils erkennen können. Also auch die auf- oder abwärts gerichtete Betrachtung eines Zeichens kann dessen Sinndeutung beeinflussen – sofern die Blickrichtung etwas mit dem Inhalt des Zeichens gemein hat. Wird jedoch dasselbe Zeichen von der Senkrechten in die Waagerechte gedreht (Bild 8), dominiert die Deutung „Pfeil". Das aufstrebend Vegetative entfällt; das jetzt in waagerechter Richtung von links nach rechts weisende Zeichen hat seine vorherige Zweideutigkeit aufgegeben – zu Gunsten des „Pfeils".

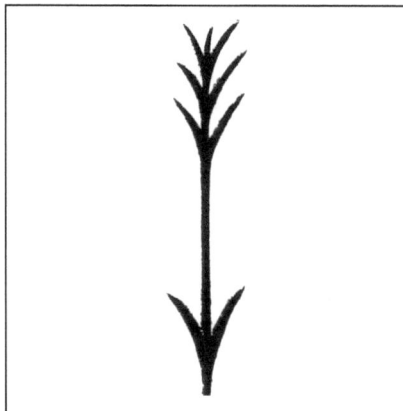 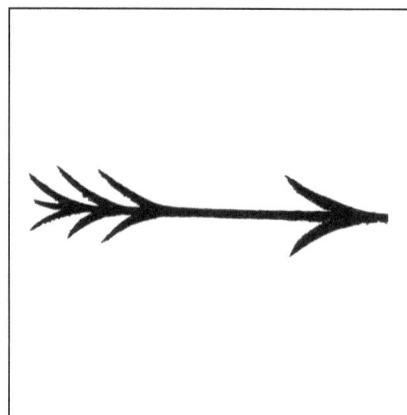

Bild 7
Bild 8

Im Gegensatz zur unermesslichen Flut von optischen Reizen, die wir von der Umwelt permanent empfangen, sind es gerade einfache, stark reduzierte Bildzeichen, welche herrschende Strukturen der Umweltwahrnehmung sichtbar werden lassen. So zeigen die wenigen vorgeführten Bildbeispiele etwas von der Gesetzmäßigkeit, mit der die Erfahrung der Gravitation unsere Wahrnehmung beeinflusst. Hier ist es die Senkrechte, welche im jeweiligen Kontext das Stehen oder Fallen oder auch das Wachsen eines Gegenstandes zum Ausdruck bringt.

Das Oben-Unten-Sehen bzw. -Lesen hat sich auch im Geographischen eingebürgert: Orientieren wir uns auf einer Landkarte, ist der Norden oben, der Süden unten. Auf einem Globus erkennen wir die nördliche Hemisphäre als die obere, entsprechend die südliche als untere. Verständlich, dass die australische Touristik-Werbung diese landläufige Lässigkeit des Sprachgebrauchs als Mangel empfang. Diesem Negativ-Image begegnen die Australier im Umkehrschluss: Einfallsreich plakatieren sie einen Globus, der die nördliche Hemisphäre unten und die südliche oben darstellt. So soll assoziiert werden: Australien ist „obenauf".

Die Waagerechte

Der sich von der Erde entfernende Raumfahrer verliert den Horizont als waagerechte Grenze zwischen Himmel und Erde. Er gewinnt dafür das Rund der Kugel – ihm bisher als visuelle Erscheinung im All nur durch Sonne und Mond bekannt. Die Erde wird zum Himmelskörper.

„Horizontale" und „Waagerechte" sind in unserem Sprachgebrauch gleichbedeutend. Die sinnliche Wahrnehmung des Horizonts – so er frei für unseren Blick ist – bestätigt das. Die Erkundung des Auges findet Orientierung in dieser Waagerechten. Auf diese hin verkürzen sich die Kanten der Gegenstände um uns, die sich verjüngenden Linien aller parallel laufenden Waagerechten treffen sich auf Augenhöhe des Betrachters im Horizont. Sogar die Rundung der Kreisform, sofern sie auf der Ebene ruht, verjüngt sich im Horizont zu einer Geraden. So ignoriert unsere Wahrnehmung auch die Rundung zwischen Himmel und Erde.

Die also wahrgenommene Waagerechte als Linie des Blickhorizontes gibt dem räumlichen Sehen die ganze Tiefe der sichtbaren Umwelt. Die suggestive Kraft der Raumtiefe wirkt auch bei der Betrachtung eines zweidimensionalen Bildes. Hier finden wir diese Erfahrung der visuellen Wahrnehmung im Abbild des Gemäldes Gustave Courbets „Welle" (1870) wieder:
Eine weiße waagerechte Kante durchschneidet die bewegte Komposition des

7.0

Bildes (Bild 9). Die Waagerechte markiert den tief im Bildraum ruhenden Horizont, der den Wolkenbewegten Himmel von den nicht minder bewegten Wellen des Meeres trennt. Die vom Maler eindringlich inszenierte Darstellung der heftig agierenden Naturelemente findet in der Horizontlinie – scharf wie am Lineal durch die Mitte des Bildes gezogen – ihre Gegenüberstellung.

Wenn wir – gewissermaßen als Zeichentischtäter – die weiße Waagerechte aus der schwarz-weißen Abbildung des Courbet-Bildes verschwinden lassen, verschwinden damit der Horizont und die Tiefe des Bildes (Bild 10). Wolken oben und Wellen unten, die sich zuvor dynamisch auf den Betrachter zu bewegten, verbinden sich jetzt zu einem einzigen der dargestellten Elemente. Mit Verlust der trennenden Horizontlinie verliert das Bild auch seien spannungsvollen Kontrast: Die Wolken werden zu Wellen oder umgekehrt die Wellen zu Wolken. Durch diese quantitativ geringfügige Manipulation – Entfernung einer weißen Linie – ist dem Betrachter ein qualitativ sehr wichtiges Merkmal zur Orientierung im Bildraum genommen.

Bild 9

Bild 10

Zur Waagerechten: Die einfachste Art, sie zu messen, besteht im Austarieren einer Wasserwaage. Ist als Messanzeige das Luftbläschen im Gerät gemittelt, wird die Waage selbst zur Waagerechten, jetzt ist die Kraft der Gravitation gleichgewichtig auf die Wasserwaage verteilt. Was das Senkblei zur Feststellung der Senkrechten bedeutet, das bedeutet die Waage zur Er-Mittlung der Waagerechten. Doch ist die Gravitation nicht nur Mittel zur Messung von Waagerechter und Senkrechter, sie ist vielmehr beider Ursache.

7.0

Gehen wir auf den Sinngehalt der „Waage-rechten" ein, so tritt sie als „rechte Waage" in Erscheinung, wenn jeweils die Gewichte den Waagebalken im Gleichgewicht halten. Übertragen können wir diesen physikalischen Vorgang auf den Balanceakt eines Menschen. Die Leonardofigur sucht den Stand auf ebener Erde – hier gemessen am Format der Buchseite (Bild 11) Die Geste der gestreckt bewegten Arme zeigt das Bemühen um Gleichgewicht.

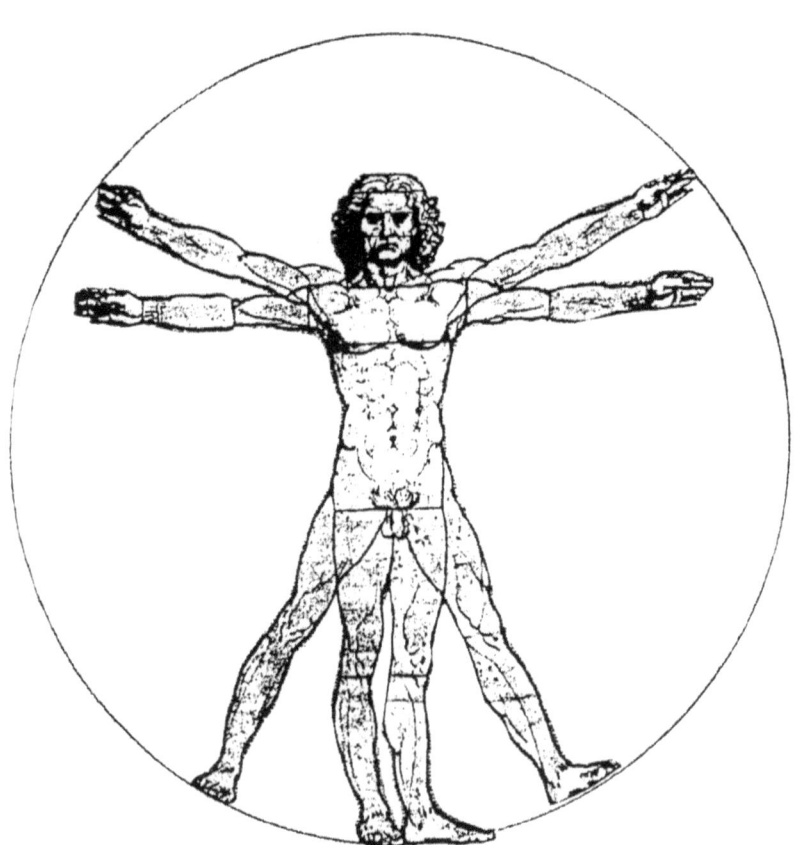

Bild 11

Wie bereits am Beispiel des Courbetbildes können wir beobachten, dass das Phänomen der Waagerechten von ausgleichender, beruhigender Wirkung ist. Der Versuch mit der Anordnung eines elementaren Zeichens, des Davidsterns (Bild 12), kann diesen Eindruck bestätigen. Die beiden Waagerechten in der Lineatur zweier miteinander verknüpfter Dreiecke verleihen diesem Sternzeichen innerhalb des rechteckigen Formats der Seite eine ruhende Position. Hierbei gibt besonders die untere Waagerechte – als Basis des nach oben gerichteten Dreiecks – dem Zeichen gleichgewichtige Sicherheit, obwohl es doch auf einer Spitze steht.

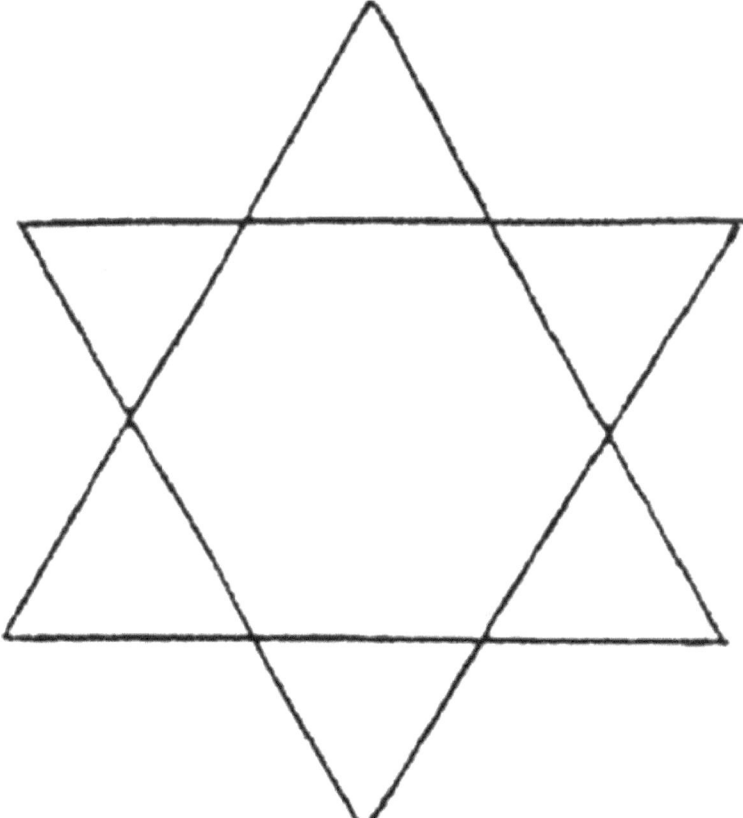

Bild 12

7.0

Der gleiche Stern – jetzt nur um 15° gedreht (Bild 13) – wirkt in der veränderten Position hingegen labil, tanzend, kippend bzw. fallend. Innerhalb dieser Seite sind jetzt alle Linien des Sternzeichens Schräge, die in Relation zur waagerecht-senkrechten Ordnung des Umfeldes keine Übereinstimmung, keinen Halt finden. Das erklärt den Ausdruck des „tanzenden Sterns" gegenüber dem zuvor „ruhenden".

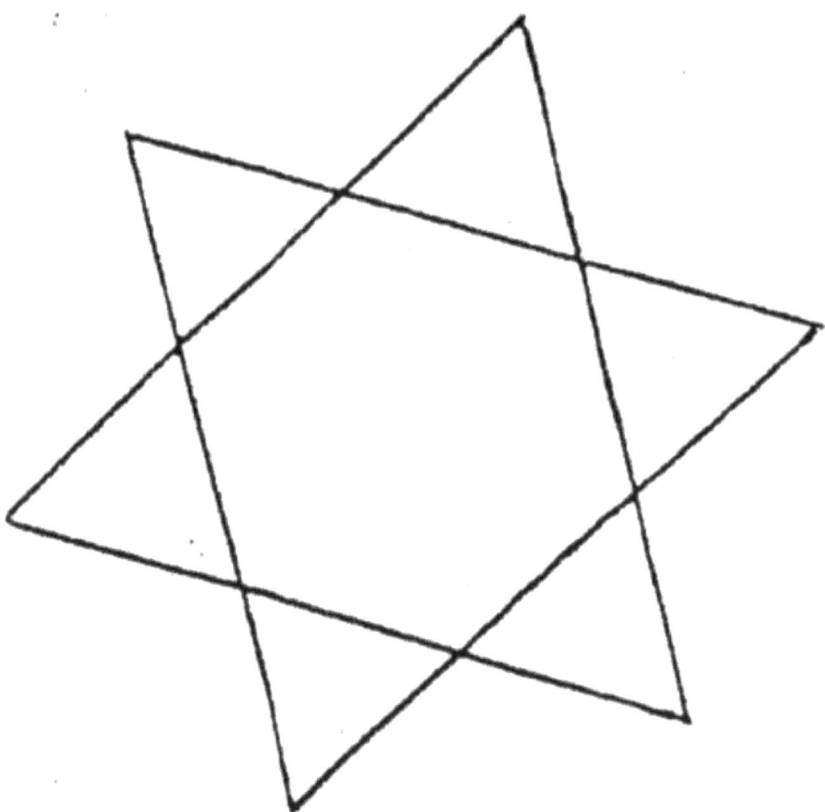

Bild 13

Doch ist die Waagerechte nicht generell Ausdruck von gleichgewichtiger Ruhe. So deutet ein waagerecht ausgerichteter Pfeil auf etwas hin; er veranlasst Bewegung. Immerhin verläuft die Bewegung von Mensch, Tier, von Fahrzeugen überwiegend parallel zur Erdoberfläche, stellt sich uns insofern als waagerecht dar.

Die Waagerechte als „rechte Waage" ist verbreitete Metapher. Sie steht so für irdische Gerechtigkeit, als Zeichen der unbestechlichen Justitia, die wohl abwägend ein Urteil fällt. Bei den Freimaurern ist das Zeichen der Wasserwaage Symbol für die Gleichheit der Menschen ohne Unterschied ihres Standes. „Falsche Waage ist dem Herrn ein Gräuel, volles Gewicht findet sein Gefallen." (Spr 11,1) Hier steht die Waage als Zeichen himmlischer Gerechtigkeit.

„Im Christentum ist die Waage in erster Linie Symbol und Attribut des Weltenrichters am Ende der Zeiten, der mit ihr in der Hand entscheidet, ob ein vor dem göttlichen Richter Stehender dem Paradies des Himmels oder den ewigen Qualen der Hölle überantwortet werden soll."[44] Und in Salomons großem Gebet wird das göttliche Gewicht mit dem Sinnbild der Waage veranschaulicht: „Die ganze Welt ist ja vor dir wie ein Stäubchen auf der Waage." (Weish 11,22)

[44] H. Biedermann (hrsg. v. G. Riemann): Knaurs Lexikon der Symbole. München 1989, 465.

Die „Waage-rechte", in der physikalisch verstanden die Schwerkräfte gleichgewichtig verteilt sind, wird zum Symbol erhoben, welches Güter wie das Recht, wie auch die Erwartung auf das Paradies mit gültigen Gewichten misst. Die archetypischen Erfahrungen der sinnlichen Wahrnehmung wie „oben-unten", „senkrecht", „waagerecht", „gleichgewichtig" werden häufig auf abstrakte Begriffe sinnbildlich übertragen, um diese zu veranschaulichen. Wenn wir so von jemandem sagen, er wäre „aus dem Gleichgewicht geraten", soll das an Kontext mehr als einen körperlichen Sturz bedeuten. Wir bezeichnen damit vielmehr einen Sturz geistig-seelischer Art. Oder das Gleichgewicht eines Menschen wird durch Widersacher gestört: Ein Amtsträger wird „gestürzt".

Es werden Indizien des angegriffenen Gleichgewichts – wie „umfallen", „schwanken" oder „wankelmütig" – verwandt, um unzuverlässige Charaktere bildhaft werden zu lassen. Die Erfahrung eines gestörten Gleichgewichts, etwa durch unebenen oder sehr glatten Boden verursacht, finden wir in Redensarten wieder, die auf ein plötzlich erlittenes Missgeschick verweisen – etwa wenn jemand „gestolpert" bzw. „ausgerutscht" ist, und somit zu „Fall kommt".

Die Metapher „es fällt etwas ins Gewicht" benutzt das Phänomen der Schwerkraft, um einen „Fall" von „Wichtigkeit" eindrücklich zu veranschaulichen. Gerade ein solches Beispiel zeigt, wie umfänglich sich unsere Sprache im Bildhaften gründet – hier besonders als Analogien zur Gleichgewichtserfahrung – und das viel häufiger, als uns bewusst ist.

Doch können Metaphern, die der Erfahrung der irdischen Schwerkraft entspringen nicht nur Sachverhalte anschaulich erklären, sie können diese auch absichtsvoll verklären. So ist die sprachliche Konvention, die Toten der Kriege als „Gefallene" zu bezeichnen, eine Verharmlosung, indem sie die Toten zu Opfern der Gravitation werden lässt.

7.0

Die Anordnung der Punkte auf unserem nächsten Bild (Bild 14) sortiert das Auge spontan zu waagerechten und senkrechten Reihen. Die Möglichkeit, in der Reihung der Punkte eine Diagonalstruktur zu erkennen, wird vernachlässigt. Das hat zunächst damit zu tun, dass sich die Punkte in ihrer nachbarlichen Beziehung waagerecht wie senkrecht näher sind als diagonal. Das „Gestaltgesetz der Nähe" kommt hier zur Geltung. In seiner Außenbeziehung steht die im Punkt-raster erkannte waagerecht-senkrechte Ordnung mit der der Buchseite in Über-einstimmung. Das Rasterbild gewinnt durch so wahrgenommene Struktur an Stabilität.

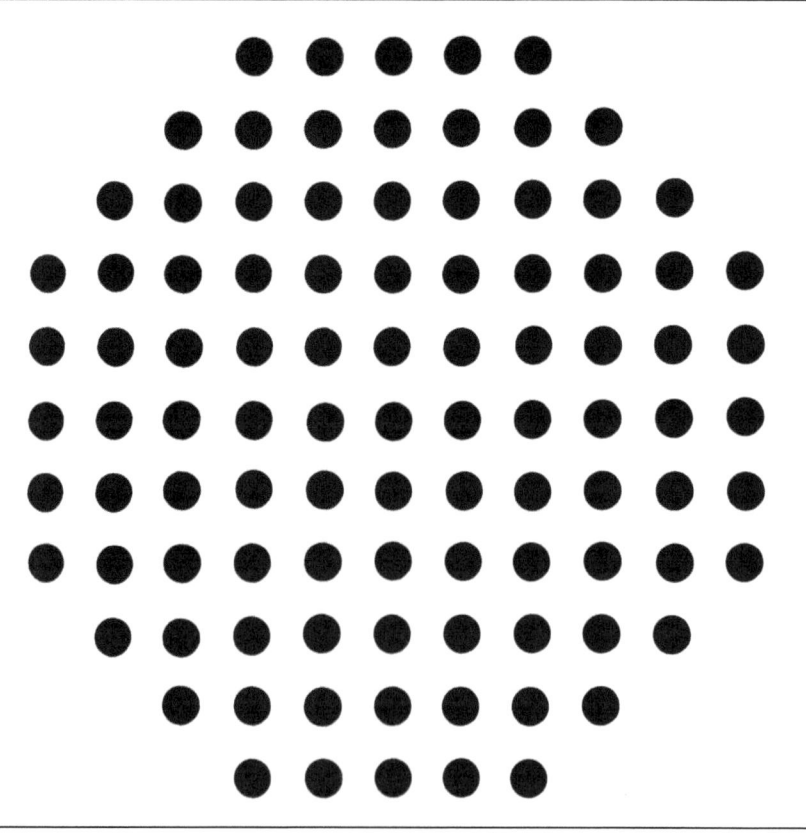

Bild 14

Eine solche Stabilität lässt das folgende Bild (Bild 15) vermissen. Dieses Bild entspricht dem ersten; es ist lediglich um 45° gedreht. Eine stabilisierende Ordnung der Punkte suchen wir auch hier. Wenn wir jedoch das Bild eine Zeitlang fixieren, erhalten wir den Eindruck, dass die Punkte auf und ab, hin und her tanzen. Die Erklärung für die so unterschiedliche Wirkung der beiden nur in der Anordnung auf dem Papier verschiedenen Rasterbilder ist in dem Streit zwischen ihrer Binnen- und ihrer Außenbeziehung zu sehen: Denn einerseits wird durch die engere Nachbarschaft der Punkte jetzt in diagonaler Richtung versucht, eine Diagonalstruktur sichtbar zu machen; andererseits drängt die Außenbeziehung des Punktrasters zur Anpassung an die waagerecht-senkrechte Ordnung der Buchseite. Diese Auseinandersetzung der beiden widerstrebenden Ordnungskräfte zwischen Statik und Bewegung, führt zum Hin- und Herpendeln, zu einem „Tanz der Punkte".

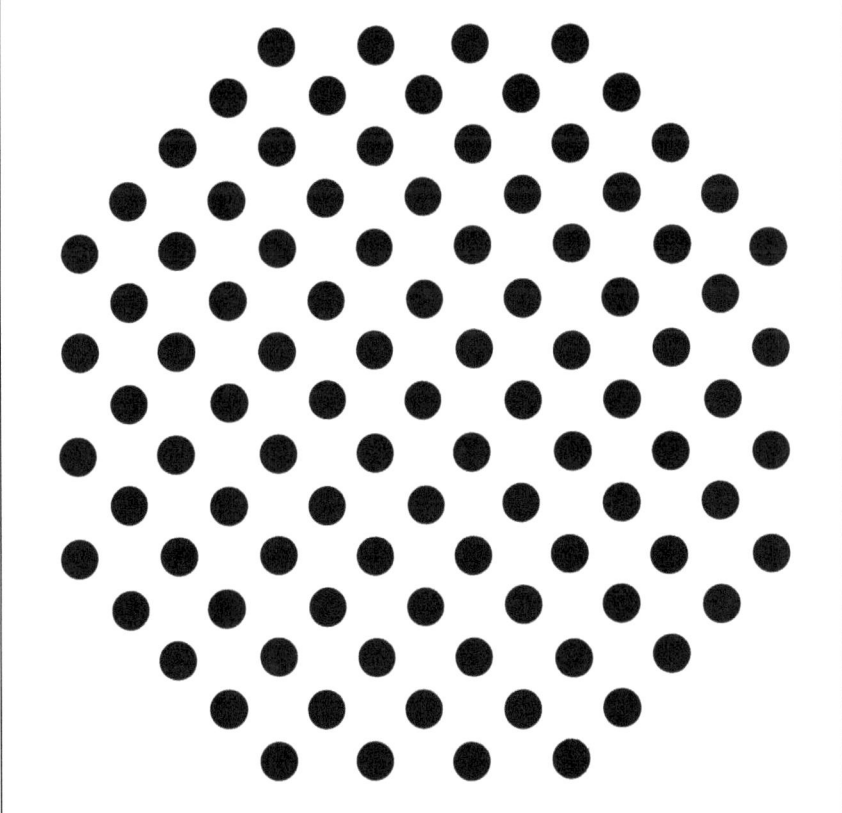

Bild 15

7.0

So wie die Drehung einer Geraden um 90° aus einer Waagerechten eine Senkrechte macht und umgekehrt, so kann es bei einem bildlichen Zeichen zu sehr unterschiedlichen Interpretationen kommen, wenn man diese in ihrer Anordnung zum Umfeld verändert. Die Waagerechte wie die Senkrechte sind Urphänomene der visuellen Beziehung des Menschen zu seiner irdischen Umwelt. In unserer unmittelbaren Wahrnehmung sind sie Maßstäbe der visuellen Orientierung.

Das Schemabild kann helfen, das zu verdeutlichen (Bild 16):

- Der Mensch in seiner aufrechten Haltung markiert seine Senkrechte, vom Standpunkt bis zu seinem Augpunkt; dort kreuzt sie die Waagerechte des Horizonts.

- Linien, die sich parallel zum Horizont verhalten, werden vom Betrachter als Waagerechte wahrgenommen. Diese Waagerechten verdichten sich auf den Horizont zu.

- Linien, die sich parallel zur aufrechten Haltung des Betrachters zu verhalten scheinen, nimmt er als Senkrechte wahr – obwohl sich diese Senkrechten nicht mathematisch genau parallel verhalten. Die Senkrechten verjüngen und verdichten sich zum Horizont.

- Linien, die sich parallel zur Blickrichtung des Betrachters verhalten, konvergieren zum Augpunkt. Das Auge ist ihr Treffpunkt.

Bild 16

Mit diesem Bild werden auf eine sehr einfache Weise die Elementarien der visuellen Wahrnehmung aufgezeigt. Wir orientieren uns in der irdischen Umwelt mit Hilfe dieses waagerecht senkrechten Rasters, am Lot der Schwerkraft und an der Trennungslinie von Himmel und Erde, der Horizontalen. Dieses visuelle Raster ist, wie wir eingangs erfahren haben, im Raum der Schwerelosigkeit außer Kraft.

Die irdische Macht des rechten Winkels ist sehr viel stärker und verbreiteter als wir allgemein hin vermuten – so ist sie auch von sinnbildlicher Kraft. Der „Rechte Winkel", als historisches Messinstrument der Baumeister, wird als Attribut dem Apostel Thomas zugeordnet – dem Schutzpatron der Baumeister. „Noch heute kommt ihm in der Symbolik der Freimaurer besondere Würde zu, und zwar zusammen mit der Wortassoziation 'Rechtwinkligkeit', 'Rechtlichkeit', 'Gerechtigkeit'. Der 'Meister vom Stuhl' trägt es als Abzeichen seiner Amtsgewalt auf der Brust. "[45]

[45] H. Biedermann (hrsg. v. G. Riemann): Knaurs Lexikon der Symbole. München 1989, 488.

Waagerecht-senkrechte Ordnung

Was Astronauten im All vermissen, ist das auf Erden gewohnte Maß der Orientierung – die Bestimmung des Oben und Unten, der Waagerechten und Senkrechten. Wie sehr wir auf Erden einer solchen waagerecht-senkrechten Ordnung unterliegen, soll auch in der Folge verdeutlicht werden:

Der gerade und ebene Weg

Im kubischen Netzwerk von Waagerechten und Senkrechten, von rechten Winkeln, vom Horizont, entwirft der Mensch den Plan seiner Orientierung, den Plan seiner Umwelt. Blicken wir auf das Schemabild 16, dessen Lineaturen die wesentlichen Markierungen unserer sinnlichen Orientierung darstellen, finden wir die Begriffe wieder, die wir beim täglichen Sprachgebrauch im übertragenen Sinn benutzen. Eine Vielfalt der Worte, die dieses Netzwerk beschreiben, dient als Metaphern, Situationen des Lebens und Menschen zu charakterisieren:

Aufrecht, aufrichtig, gerichtet, fokussierend auf den Horizont gerichtet, Horizontale, Richtschnur, gerade, geradlinig eben, Ebenmaß, ebnen, u. a. Diese Metaphern werden – ihrer Herkunft entsprechend – weitgehend in positiver Absicht benutzt.

Der „geradlinige und ebene Weg" wird in der prophetischen Vision des Jesaja zu einer gigantischen Straße, auf der Gott seinem in der Verbannung lebendem

Volke zu Hilfe kommen wird: „Bahnt für den Herrn einen Weg durch die Wüste! Baut in der Steppe eine ebene Straße für unseren Gott! Jedes Tal soll sich heben, jeder Berg und Hügel sich senken. Was krumm ist soll gerade werden, und was hüglig ist werde eben" (Jes 40,3f).

Der biblische Text gibt ein anschauliches Bild von dem Sachverhalt, in dem jemand auf seinem Lebensweg gefördert wird – etwa im beruflichen Fortkommen. Es wird ein Weg geebnet. Doch geschieht das nicht auf geradem Weg, spricht man von einer krummen Tour. Doch „wer aufrichtig seinen Weg geht, geht sicher" (Spr 10,9).

„Gott hat die Gradheit selbst ans Herz genommen, auf gradem Weg ist niemand umgekommen." (J. W. v. Goethe) Die Erfahrung und Beschreibung einer außerirdischen Umwelt wird einen Katalog neuer Begriffe entwerfen müssen, weil der Gebrauch geläufiger Sprachen sich aus der Erfahrung der irdischen Umwelt begründet. So werden auch neue Metaphern entstehen.

Blick in den Kosmos

Vom Himmel schwebt ein Mensch

Es ist der 12. April 1961. Eine Landekapsel geht am Fallschirm auf dem Feld des Kolchos „Der Weg Lenins" nieder. Die überraschten Genossen Kolchosbauern kommen herbei und helfen dem Menschen im orangeroten Raumanzug und weißem Helm aus der Enge der Kapsel. Der Fremde, vom Himmel auf die Erde niedergekommen, stellt sich vor: „Ich bin der erste Raumfahrer der Welt, Juri Alexejewitsch Gagarin."

Der sowjetische Fliegermajor Gagarin hat an diesem Tag als erster Mensch im Raumschiff „Wostok" die Anziehungskraft der Erde überwunden und in einem fast zweistündigen Flug die Erde einmal umrundet. Die Verkündung dieser Nachricht löst im ganzen Lande einen Freudentaumel aus. Am 14. April findet der offizielle Empfang von Gagarin in Moskau statt. Unter den Klängen eines eigens aus diesem Anlass komponierten Liedes schreitet Gagarin auf die Ehrentribüne zu. Persönlich berichtet er dem Staats- und Parteivorsitzenden Chruschtschow von seinem Weltraumflug. Der Präsidiumsvorsitzende des Obersten Sowjet, Leonid Breschnew, verleiht dem ersten Kosmonauten den Lenin-Orden und den Stern des „Helden der Sowjetunion".

Im Bericht über seinen Weltraumflug soll Gagarin verkündet haben, er habe im All keinen Gott vorgefunden. Zunächst kann man darüber erstaunt sein, denn es gehörte mit Sicherheit nicht zu seinem Auftrag, sich dort im All auf Gottessuche zu begeben. Wahrscheinlich ist eher, dass der Atheist Gagarin mit einem solchen Spruch vor aller Welt seinem Staat dienlich sein wollte.

Die sensationelle Meldung ging vor mehr als 40 Jahren um die Erde. Sensationell als technologischer, politischer und militärischer Prestigeerfolg der Sowjetunion. Sensationell aber auch, weil die Sowjets diese Unternehmung der ersten bemannten Raumfahrt nicht vorher ankündigten, um bei möglichem Misserfolg einer Bekanntgabe entgegenzuwirken. In den Jahren zuvor hatten sie bereits mit Hilfe einer schubstarken Trägerrakete den ersten künstlichen

Erdsatelliten „Sputnik 1" erfolgreich gestartet, bald darauf „Sputnik 2" mit der Hündin Laika an Bord. So war Laika die erste Erdbewohnerin im All.

Viele Menschen berührte diese Meldung von Gagarins Ausflug ins All zutiefst, weil die Erfüllung eines Menschheitstraums wahr geworden war. Eine Wirkung, die mehre Jahre später durch den ersten Schritt eines Menschen auf den Boden des Mondes übertroffen wurde. Am 21.7.1969 landeten die Amerikaner Neil Armstrong und Edwin Aldrin auf dem Mond. Per Fernsehen hat jedermann den Ausflug beider Astronauten zum Erdtrabanten miterleben können. Eine weltbewegende Leistung, eine ebenso hervorragende Inszenierung.

Traum vom Fliegen – himmelwärts

In den Jahrzehnten danach sind Berichte über bemannte Weltraumflüge zur Alltäglichkeit unserer Medien geworden. Dennoch fasziniert uns immer wieder der Gedanke, von der Erde himmelwärts abzuheben, zu erleben, wie sich der geradlinig-waagerechte Horizont krümmt und mit zunehmender Höhe runder und runder wird, bis er sich zum Kreis schließt. Ein Kreis, der die Kugel unserer Erde umfasst. Die gewohnte Erscheinung der horizontalen Trennlinie zwischen Himmel und Erde geht verloren. Verloren damit auch ein wichtiges Merkmal irdischer Orientierung.

Mit dem Verlust der Waagerechten kann auch die Senkrechte nicht mehr mit Sicherheit erfahren werden kann. Die Erde, von der wir uns weiter und weiter entfernen, verliert ihre Kraft über uns. Mit dem Abhandenkommen der Schwerkraft geht uns das Empfinden für unsere aufrechte, also senkrechte Haltung abhanden.

Weitere Überraschungen: Das All, dem wir uns zu nähern glauben, scheint sich zu verschließen. Denn es stellt sich uns in tiefster Schwärze dar. Doch unter den Lichtern in der Finsternis – der Sonne, dem Mond und den Sternen – werden wir erstmalig eine weitere große kugelförmige Helligkeit erleben: die Erde als blauer Planet. Der Himmel schwarz und die Erde blau – wie sich doch so manches verändert.

Die vielen Nachrichten und Erlebnisberichte der Astronauten von dort „oben" sind Stoff genug, um unsere Vorstellungskraft anzuregen. Über 40% der Menschen wünschen sich einen wirklichen, wenn auch kurzen, Flug ins All. Touristische Abenteuerlust kann die Triebkraft eines derartigen Wunsches sein; ist doch die Erde für die Reisewünsche mancher Mitbürger schon sehr klein und eng

8.0

geworden. Darüber hinaus werden manche auf diesem Weg neue Erkenntnishorizonte für ihr Leben gewinnen wollen. Die menschlichen Träume, Phantasien und Wünsche vom Fliegen ins All sind schließlich nicht neu, haben aber in unseren Tagen Chancen auf Erfüllung. Zur Symbolkraft solcher Wünsche schreibt der Psychoanalytiker Joseph L. Henderson: „Wir haben über wilde Vögel als Symbole der Befreiung gesprochen. Aber heute können wir ebenso gut von Düsenflugzeugen und Raketen reden, denn sie sind Verkörperung desselben Prinzips, indem sie uns wenigstens zeitweise von der Schwerkraft befreien. In den Träumen und Phantasien vieler moderner Menschen erscheint oft der Flug großer Weltraumraketen als symbolische Verkörperung des Befreiungsdrangs, der Transzendenz genannt wird. "[46]

[46] C. G. Jung: Der Mensch und seine Symbole. Solothurn / Düsseldorf 1993, 156f.

Die Sehnsucht der Menschen, es den Vögeln gleichzutun, die Kraft der Erdanziehung zu überwinden, um himmelwärts emporzusteigen, ist durch die technologische Entwicklung unserer Tage in hohem Maß gestillt. Fliegen, das in den Versuchen mit Hilfe von Flügeln dem Ikarus und dem Schneider von Ulm noch kläglich misslang, ist heute durch den Luftverkehr alltägliche Praxis. Darüber hinaus ermöglichen ehrgeizige Pläne und deren kostspielige Verwirklichung den Menschen, das Kraftfeld unseres Planeten zu überwinden und Erfahrungen in der Schwerelosigkeit des Alls zu sammeln. Und das wiederum heißt, die in langen Lernprozessen erworbene Kenntnis über die irdischen Lebensverhältnisse hinter sich zu lassen und zu ergänzen.

Auf dem Mond spazieren

Ein 16-jähriger erlebt im Dezember 1972 die TV-Bilder der Mond-Landung von Apollo 17. Er ist zutiefst beeindruckt: Ein erster Schritt ins Weltall eröffnet sich ihm – ein Blick ins Nichts, in die Endlosigkeit des Alls und ein Blick zurück auf die Erde vermittelt ihm eine farbenfrohe Kugel, die Erde. So frei schwebend im Weltraum hat er sie bislang nicht vermittelt bekommen.

Der damalige Schuljunge und heute 50-jährige Filmschauspieler und zweimalige Oskar-Gewinner, Tom Hanks, hat sich einen Jugendtraum bewahrt. Obwohl er schon 1995 in dem Film „Apollo 13" viele seiner Raumfahrtphantasien ausleben konnte, träumt er hier von einem Erlebnis, dass dem Helden dieses Filmes (und der realen Apollo-13-Besatzung) verwehrt blieb: Ein Mondspaziergang.

„Seit ich klein war, träume ich davon, auf dem Mond zu sein. Von dort kann ich endlos weit in den Himmel gucken. Nichts ist zwischen mir und dem Universum, kein Staub, keine Atmosphäre. (…)

Wenn ich einen Wunsch frei hätte, dann wäre es dieser: zum Mond fliegen zu
können. Mit allem Drum und Dran, dem Countdown, dem Astronautenanzug den
großen Helmen. Ich will erleben, wie es sich anfühlt, bei einem Sechstel der
Erdanziehungskraft spazieren zu gehen. Mich fasziniert, dass ich überall, wo ich
auf dem Mond hintrete, einen Abdruck hinterlasse, der Tausende von Jahren
überdauern wird – eine Fußspur, die niemals verfällt, niemals verwischt... Wenn
ich auf dem Mond lande, werde ich erstens niederknien und einen Handabdruck
in den Staub setzen. Fußabdrücke sind okay, aber Handabdrücke sind individueller. (...) Ich werde das russische Mondmobil suchen, daran herumbasteln, vielleicht kriege ich es noch mal flott. Einer der Apollo-Astronauten hat mal ein Pola-
roid von seiner Familie dort liegen lassen, in Plastikfolie eingewickelt, auch das
will ich sehen.
Auf meinem Programm stehen auch die großen Sehenswürdigkeiten, Hadley-
Rille zum Beispiel, ein riesiger, wunderschöner Canyon, in dem Apollo 15 gelan-
det ist. Dann zu den Kratern Clavius und Tycho, im unteren Teil des Mondes. Bei
der Gelegenheit würde ich gleich nachsehen, ob es wirklich Eis am unteren Pol
gibt. Dann muss ich unbedingt zu der Stelle, wo bei Halbmond die Grenze verläuft
zwischen Licht und Schatten – ich werde dann immer zwischen hell und dunkel
hin- und herlaufen, hin und her. (...) "[47]

[47] Aufgezeichnet von
J. v. Rutenberg. In:
Die Zeit, Nr. 37, 68.

Tom Hanks hat dem Jugendtraum kraft seiner Lebenserfahrung, seiner Kreativität eine vermittelbare Gestalt verliehen. Eine Gestalt, die mehr aussagt als der
abstrakte Urtraum des Menschen vom Fliegen – den Vögeln gleich. Sein Traum
ist mit Konkretem angereichert: In die Dunkelheit des Kosmos blicken, zurück-
blicken auf die kugelrunde, bunte Erde, zu sehen, dass es in London Zeit fürs
Abendbrot ist, in Texas fürs Mittagessen, auf dem Mond selbst die Sehenswürdigkeiten aufsuchen, zu forschen nach Wasser, nach neuen Energiequellen und
neuen Materialien. „Ich habe einen Traum".

Ganz anderer Art die Informationen der Astronauten: Sie berichten von der Begegnung mit der Wirklichkeit im All, mit einer für sie neuen Wirklichkeit, in der
man von Grund auf lernen muss, sich zu orientieren.

Orientierungssuche in der Schwerelosigkeit – Unten ist, wo die Füße sind

Haben wir doch als Kleinkinder mühsam gelernt, den aufrechten Gang im Wider-
streit mit der Schwerkraft zu „bestehen", bis wir mit rudernden Armen – unter
Beifall der Erwachsenen – gleichgewichtig den ersten Schritt taten. Und an den
übereinander gestapelten Bausteinen erlebten wir deren statische Anfälligkeit –
durch die Anziehungskraft der Erde. So werden wir bereits in früher Kindheit an

8.0

einen Lebensraum gewöhnt, der einer waagerecht-senkrechten Ordnung unterliegt, an ein Oben, das wir noch nicht erreichen können und an ein Unten, auf das wir bisweilen schmerzhaft fallen.

Der Raumfahrer hingegen muss die Entwöhnung von solch irdischen Erfahrungen lange und intensiv trainieren. Im Zustand der Schwerelosigkeit des Alls geht ihm das gewohnte Raster der Orientierung verloren. Dem bisherigen Oben-unten fehlt jetzt die Relation zur Senkrechten, denn diese ist Wirkung allein der ursächlichen Gravitation auf Erden. Macht doch die aufgehobene Wirkung der irdischen Anziehungskraft die Schwerelosigkeit aus. Der Raumfahrer muss lernen, sich zu seiner räumlichen Orientierung ein neues Bezugsfeld zu suchen. Als eine erste Hilfe des Zurechtfindens kann ihm die Lage seines Körpers, oder die Einrichtung des Raumschiffs oder die Sicht zur fernen Erde dienen – so mögen wir vermuten. Erfährt der Raumfahrer seine Füße oder den Boden des Raumschiffs oder die Richtung zur Erde als unten?

Welches sind die wahrnehmbaren Empfindungen der Schwerelosigkeit? Auf viele dieser Fragen fasst der Astronaut Reinhard Furrer die ersten eigenen Erfahrungen einer ihm gänzlich fremden Umwelt so zusammen: „Wenn Sie im Weltraum sind, müssen Sie nichts gegen ihr Gewicht tun; mit anderen Worten: Sie sitzen nicht, stehen nicht, liegen nicht auf Ihrem Körper. Auf den Extremitäten lastet nie Druck. Und weil Ihnen diese Drucklast fehlt, haben Sie nie eine Rückmeldung von den Muskeln. Es sagt Ihnen also niemand: Ich sitze, stehe oder liege. (...) In der Schwerelosigkeit kann oben und unten für Sie alles sein. Ihre Wahrnehmung funktioniert nur über die Augen. Sie sehen etwas und sagen: Aha, dieser Laborteil im Spacelab war unten. Also definieren Sie das so. Sie geben ihrem Kopf die Nachricht ein, weil er es nicht mehr selbst definieren kann. Genauso gut könnte dieser Laborteil auch oben sein, und Sie könnten ihn dennoch als unten eingeben. Und so reduziert jeder Astronaut alles auf eine ganz einfache Formel: Unten ist, wo die Füße sind.“[48]

[48] J. Tanriverdi: Reinhard Furrer. Das Summen des Universums. Ein Astronautenleben. Frankfurt a.M. / Berlin 1995, 22f.

Dieser Übergang aus einer gewohnten Lebenswelt in eine gänzlich neue vollzieht sich in wenigen Minuten. Vom Start in Cape Canaveral bis zur Umlaufbahn in 324 km Höhe notiert Furrer in seinem „Protokoll" – hier in Stichworten wiedergegeben: „Ich liege auf meinem Sitz, vorne ist oben, und hinten zeigt hinab. Zu den Sternen geht es im Liegen. (...) Die Luke ist zu. Ein vertrautes Gesicht sieht zu uns herein. Ein Daumen streckt sich nach oben, wohin wir wollen. (...) Es geht hinaus, senkrecht in den Himmel. (...) 1:29 Minuten in der Luft, noch ist der Himmel blau (...) Um uns herum wird es schwarz, wir versuchen, von der Erde zu gehen. (...) Wir gehören nicht mehr zur Erde. (...) Ein Lichtstreifen zieht von rechts nach links vorbei. Blau, mit einem weißen Saum – türkis vielleicht, nein – auch Farben muss ich hier anders sehen. Ich bin im All. (...) Die Erde ist noch dort, wo ich herkomme. Sie ist sehr schön (...). Ein Planet, eingesponnen in Blau und Weiß, und doch ist er mir schon fremd. (...) Den letzten Rest meiner irdischen Welt würde ich allzu gern abstreifen. Was ich von meiner Erde mitgebracht habe, ist sinnlos."[49]

[49] Ebd., 102ff.

Doch trotz des sehr plötzlichen Außerkraftsetzens irdischer Lebensbedingungen, weiß Furrer von einer immensen Lernfähigkeit des menschlichen Organismus zu berichten: „Man verliert jegliches Gefühl für oben und unten, durch das sich eigentlich unsere ganze Wahrnehmung definiert. Dennoch adaptiert man seine Umwelt, obwohl es sie so auf der Erde nicht gibt. Da hab' ich mich gefragt: Was versetzt uns in die Lage, mit etwas klarzukommen, das nicht irdisch ist. Die Antwort: Es ist die Leistungsfähigkeit des Gehirns im zentralen Nervensystem. Der Mensch hat also Fähigkeiten, die über das Irdische hinausgehen."[50]

[50] Ebd., 21.

Demnach bleibt die erste Orientierung in der Schwerelosigkeit des Alls ein Zurechtfinden mit der Wahrnehmung des eigenen Körpers. Die Formel Furrers, „Unten ist, wo die Füße sind", entspricht dieser ersten Suche nach örtlicher Bestimmung. Doch lässt sich schwerlich mit einem derart subjektiven Urteil kommunizieren. Nicht nur, dass das Oben-Unten einem permanenten Wandel unterliegt, jeder einzelne im Raumschiff verfügt so über sein eigenes Obenunten. Es bleibt für uns zu vermuten, dass man sich am ehesten an der beständigen Einrichtung des Flugkörpers orientiert und gegenseitig verständigt. Denn das Raumschiff ist ein Stück vertrauter Häuslichkeit, unversehrt von der Erde ins All mitgebracht.

Mögen wir auch gedanklich den Erlebnisberichten der Astronauten in der Schwerelosigkeit folgen, ist doch unsere Vorstellungskraft überfordert, soll sie sich ein Bild vom Leben ohne die gewohnten physikalischen Bedingungen auf Erden machen. Der Verlust des eingeübten Bezugsrasters von Oben-unten, von Waagerechten und Senkrechten ist ein irritierender Gedanke. Sehen wir als Fernsehzuschauer den Raumfahrer im Bild mal auf dem Kopf stehend, mal horizontal liegend oder schwebend, dann wieder einen Purzelbaum schlagend – immer von uns beurteilt am rechteckigen Bildausschnitt des TV-Gerätes, beurteilt mit der erdgebundenen Erfahrung, gemessen an der gewohnten Oben-unten-Ordnung.

Der Versuch also, räumliche Positionen des Astronauten zu beschreiben, wird mit den unzulänglichen Mitteln des irdischen Bildbetrachters unternommen und somit der Realität im Raum der Schwerelosigkeit nicht gerecht werden. Zumal da

8.0

sich unsere Sprache in Abhängigkeit zur irdischen Wirklichkeit entwickelte, verfügt sie auch über keine spezifischen Begriffe zur Bestimmung des jeweiligen Ortes – „dort oben" im All.

Heißt es bei uns allemal: „Dort oben im Himmel, hier unten auf Erden" oder preisen wir den „blauen Himmel", so sind dies irdische Gedanken aus irdischer Erfahrung, die für den Astronauten im All „sinnlos" geworden sind – wie es Furrer ausdrückt. Unsere Begriffe wie „oben", „unten", „senkrecht" und „waagerecht", „aufrecht stehen" oder „liegen" – als Definitionen von räumlichen Zuständen oder Richtungen in der Schwerelosigkeit – sind untaugliche Mittel der Verständigung. Der Beobachter am Bildschirm hier „unten" ist sprachlos, will er die räumliche Situation dort „oben" im Weltraum in geläufige Worte fassen.

Bedenken wir doch, dass die Gravitation der Erde auf die Messfühler des menschlichen Gleichgewichtsorgans im Innenohr einwirkt und dieses wiederum dem Sehsystem die Stabilität von Waagerechter und Senkrechter signalisiert. Gleichgültig ob wir stehen, sitzen oder liegen, die Wahrnehmung der Umwelt bleibt konstant. Der Astronaut hingegen kann sich im All nicht auf die Kooperation seiner Sinnesorgane verlassen. Sehen, Tasten und Gleichgewicht geben ihm keine übereinstimmende Information über „oben" und „unten" und somit nicht zur Bestimmung des physikalischen Raumes.

Der Himmel ist schwarz – die Erde blau

Mit einem Blick zum Himmel beginnen wir einen neuen Tag: „Der Himmel ist blau" oder „der Himmel ist verhangen" oder „der Himmel öffnet seine Schleusen". Der Himmel wird von uns so auf das Verwalten des Wetters reduziert. Diese Art der menschlichen Abhängigkeit von den Wetterlaunen des Himmels vergisst der Astronaut, der außerhalb des atmosphärischen Mantels der Erde die-se umkreist. Er kann vielmehr vermelden, dass die Erde blau oder dass Teile von ihr durch Wolken verhangen sei.

Johann Wolfgang von Goethe lässt sich von der himmlischen Farbe Blau zu einem poetischen Schweben zwischen Himmel und Erde inspirieren:

Zwischen Oben, zwischen Unten
Schweb ich hin zu muntrer Schau.
Ich ergötze mich am Bunten,
Ich erquicke mich im Blau.

„Der Himmel ist blau" ist eine Botschaft, die uns mitunter sehr froh macht. Auch wenn wir darunter nichts anderes verstehen, als ein wolkenfreier Himmel – gleichbedeutend mit gutem Wetter. Doch können wir darüber hinaus auch Freude haben am bloßen Anblick der azurblauen Farbe – die unseren Blick weit in die Tiefe des Himmels führt. Dass das Blau keine Eigenschaft des Himmels ist, wissen wir wohl; dennoch empfinden wir diese Farbe dem Himmel zu Eigen.

Über das Zustandekommen des Himmelblaus führt uns das Lehrbuch der Optik knapp und sachlich ein: Ein Beispiel aus der meteorologischen Optik ist die Tatsache, dass uns an wolkenlosen Tagen der Himmel blau erscheint. Kurzum, der Himmel ist nicht blau, er erscheint uns blau. Und diese Erscheinung haben wir dem Umstand zu verdanken, dass die Wellen des Sonnenlichts beim Eintreten in die Atmosphäre auf die Moleküle der Luft treffen. Diese kleinen Teilchen erzeugen eine Lichtstreuung; hierbei werden die blauen Anteile des Lichts vier mal so stark gestreut wie die roten. Daher die Blaufärbung.[51]

[51] Heinz Niedrig (Hg.): Optik. Berlin / New York 1993, 425f.

Die Redensart „Jemandem das Blaue vom Himmel versprechen" gewinnt in diesem Zusammenhang eine verstärkende Bedeutung: Das Himmelblau ist nicht nur unerreichbar; und wenn man meint, es zu erreichen, dann ist es nicht existent. Die Metapher steht für ein uneinlösbares Versprechen, für eine Täuschung. Die Raumfahrer machen „eine Fahrt ins Blaue", und statt Blau sehen sie im All nur Schwarz. Rückwärts gewandt sehen sie die Erde in Blau gehüllt.

Wenn es also die Moleküle der Luft sind, welche uns das Blau des Himmels vermitteln, so wird das auch in umgekehrter Richtung gelten können. Dann, wenn der Raumfahrer außerhalb des atmosphärischen Mantels der Erde auf diese schaut: Eine blaue Gloriole umgibt den Planeten Erde. „Ein Planet, eingesponnen in Blau und Weiß", wie Reinhard Furrer berichtet.

Und blickt der Astronaut in die erdabgewandte Richtung, in die Tiefe des Alls, erfährt er schwärzeste Schwärze. Ist das Sonnenlicht dort erloschen? Es ist für die Augen des Raumfahrers unwirksam. Denn die Lichtwellen brauchen Gegenstände – sei es der Mond oder die Moleküle der Luft – um durch Brechung oder Streuung zurückzustrahlen. Das Licht der Sonne, das uns nicht unmittelbar oder mittelbar durch Brechung oder Streuung erreicht, bleibt für das menschliche Auge unsichtbar.

Weiter berichtet Furrer: „Auf das Weltall war ich überhaupt nicht vorbereitet. Da alles dunkel ist, gibt es kein Foto davon. Und ganz plötzlich sieht man die Unendlichkeit, die Leere, das All. Und das lässt sich nur schwer beschreiben. Der

8.0

[52] J. Tanriverdi: Reinhard Furrer. Das Summen des Universums. Ein Astronautenleben. Frankfurt a.M. / Berlin 1995, 25.

[53] Ebd., 24.

Eindruck ist Schwarz, Weltraumschwarz – und das ist schwärzer als die dunkelste Nacht, die Sie auf der Erde kennen.“[52]

Rhythmus von Tag und Nacht geht verloren

Furrer: „Ich sah einhundertelf Monde hintereinander. Wenn auf der einen Seite des Shuttles der Tag zu Ende ging, brach er auf der anderen Seite wieder an. Es macht also keinen Sinn mehr, die Tage so zu zählen wie auf der Erde. Man verliert jegliches Gefühl für Zeit.“[53] Der für die Raumfahrer verlorene irdische Lebensrhythmus lässt über das nachdenken, was für uns gewohnter Alltag ist: In der Dämmerung neigt sich die Helligkeit des Tages, um in die Dunkelheit der Nacht zu wechseln, die wiederum weicht dem Licht des neuen Tages. Auf diesen immerwährenden Wechsel von Tages- und Jahreszeiten sind wir wie durch eine biologische Uhr eingestellt. Doch ist es nicht allein unser Körper, der Leistungskurven aufzeigt, der Ruhephasen fordert, auch Geist und Seele erfahren diesen Wechsel von Hell und Dunkel. Oft sind es die Stunden der anbrechenden Nacht, in denen die Aktivitäten des Tages reflektiert werden, in denen erlittenes Leid geklagt, in denen für erlebtes Glück gedankt wird, in denen Hoffnungen für einen neuen Tag wach werden.

So wird die Dämmerung, die Stunde des Zurruhekommens, für den einen oder anderen die Stunde, in welcher er den Dialog mit Gott sucht – im Gebet. Hier einige Verse aus dem Abendgebet von Jochen Klepper:

Ich liege, Herr, in deiner Hut
und schlafe ganz mit Frieden:
Dem, der in deinen Händen ruht,
ist wahre Rast beschieden.

So will ich, wenn der Abend sinkt,
des Leides nicht gedenken,
das mancher Erdentag noch bringt,
und mich darein versenken,
wie du, wenn alles nichtig war,
worauf die Menschen hoffen,
mir zur Seite warst und wunderbar
mir Plan und Rat gesprochen.

Du hast die Lider mir berührt.
Ich schlafe ohne Sorgen.

Der mich in diese Nacht geführt,
der leitet mich auch morgen.

Haben wir im Licht der Sonne unser Tagwerk verbracht, wendet sich für uns die Erde langsam, aber unaufhaltsam der Schattenseite zu – als wollte sie uns aus der Hektik des Tages lösen. Es ist die Zeit des Überdenkens, der Rechenschaft und der Meditation, des Träumens.

Unvorstellbar für unser Tag-und-Nacht-Leben ist die immerwährende, fast nahtlose Folge von Sonnenaufgängen und -untergängen, wie sie der Raumfahrer beim Umkreisen der Erde erlebt. Der Mangel an irdischen Sonnenschatten lässt ihn in die Zeitlosigkeit gleiten. Dazu Furrer: „Mein Bewusstsein, die Erde zu umkreisen, verliert sich; mein Dahintreiben könnte mit mir fortgehen, wohin immer es nur will; mein Schlaf dient nur noch dazu, dass ich beim Aufwachen nicht weiß, wo ich eingeschlafen bin; meine Welt hat nichts mehr mit der Erdenwelt zu tun."[54]

[54] Ebd., 105.

Heimat im Weltall

Da kam im Flug der Mann

Ein weiteres literarisches Terrain bieten die menschlichen Kunstfiguren, die mit kosmischen Attributen ausgestattet, vom Zwang der irdischen Schwerkraft frei und somit zu besonderen Leistungen befähigt sind. So tut der „Superman" das Gute im Fluge, wie „Batman" für das Böse zuständig ist. Und „Harry Potter" erlernt – in Romanen und Filmen – die Kunst der Hexerei.

Harry Potter ist der Junge, der ein Internat besucht, das Zauberei lehrt. Auf dem Lehrplan fehlen Mathematik und Englisch, dafür werden aber so interessante Fächer wie Kräuterkunde, Besenfliegen und Verwandlungen gelehrt. Und bei Mannschaftsspielen wird nicht nur auf dem Boden, sondern auch in der Luft gekämpft. Der Traum, zu Fliegen, Raum und Zeit zu überwinden, ist der Gegenstand geheimer Künste der Zauberei.

„Harry Potter" ist das Science-Fiction-Phänomen in diesen Jahren. Die Potter-Bücher klettern jeweils mühelos an die Spitze der Bestseller-Liste. Filmpremieren werden weltweit mit Spannung erwartet – und das nicht nur von den jugendlichen Fans. Bemerkenswert ist, dass die Kritik der Leser extrem zwiespältig ausfällt. So heißt es einerseits, dass die Autorin die Leser derart zu fesseln weiß, dass diese das Buch erst aus der Hand legen, haben sie die letzte Seite gelesen. Doch werden auch erhebliche Bedenken gegenüber der hier geschilderten Zauberei und Hexerei hervorgebracht:

„Die Welt des Harry Potter ist eine Welt der permanenten Angst vor Angriffen von bösen Zauberern und Horrorwesen, das Leben ist ein ständiger Abwehrkampf. Die Welt des Harry Potters ist die Welt des Schreckens, des Horrors, des Ekels und der Angst. Harry Potter führt in die Magie und in den Satanismus ein..."[55]

[55] Caro, Lesertreff im Internet.

Bei aller Kritik am pädagogischen Nutzen der Harry-Potter-Bücher, der Kreis der Fans – ob alt, ob jung – wächst von Mal zu Mal, von Buch zu Buch. Die englische Erstauflage des fünften Buches: 13 Millionen. Die Verfasserin wusste im Vorfeld des Erscheinen des neuen „Harry Potter" die ohnehin starke Nachfrage noch durch den Hinweis zu steigern, dass eine der Hauptfiguren des Romans zu Tode kommt. Dazu die Bestseller-Autorin Joanne K. Rowling: „Wenn du Kinderbücher schreibst, musst du ein unbarmherziger Killer sein."[56] Beim ersten Verkaufstag gingen bereits über 1 Million Exemplare über den Ladentisch des Buchhandels. So heißt es: Der größte Bucherfolg aller Zeiten, „das Buch der Bücher" – ein anspruchsvoller Titel, der bisher einem ganz anderen Buch galt!

[56] DIE ZEIT, Nr. 27, Seite 2

Nachdenklich macht in diesem Zusammenhang ein ernst gemeinter Vorschlag – zu größerer Effizienz des Deutschunterrichts an Schulen: an Stelle der Klassiker solle mehr zeit- und lebensnahe Literatur gelesen werden und das unter dem Slogan: „Harry Potter statt Heine!" Denn, so heißt es, „Kinder lesen nur das, was derzeit in ist."

Nicht zuletzt erzählt uns die Bibel von der Begegnung der Menschen mit göttlichen Boten, den Engeln. Auch sie sind frei von der irdischer Gravitation, und das versetzt die Menschen in Erstaunen, es ängstigt sie sehr. So verkünden die Engel ihre Botschaft, nicht ohne die Angesprochenen zunächst zu beruhigen: „Fürchtet euch nicht!"

Es gibt sich der beschützende Weggefährte des Tobias am Ende einer gemeinsamen Reise ihm und seinem Vater als Engel Rafael zu erkennen: „Da erschraken die beiden und vielen voller Ehrfurcht vor ihm nieder. Er aber sagte zu ihnen: Fürchtet euch nicht! Ich steig wieder auf zu dem, der mich gesandt hat!" (Tob 12,17.20). „Da kam im Flug der Mann Gabriel" (Dan 9,21). Der Mann im Flug war niemand anderes als der Erzengel Gabriel. Und Johannes schreibt über die Erscheinung der Engel, dass sie „auf- und niedersteigen". (Jo 1,51).

Ikonographisch sind uns die Engel zunächst flügellos in männlicher Gestalt überliefert und erst später überwiegend als weibliche Erscheinungen mit Flügeln. „Flügel zeichnen nicht nur die Engel im christlichen Bereich aus, sondern auch Genien und dämonische Wesen, Feen und Luftgeister in den frühen Kulturen der Alten Welt. Diese teilweise Annahme der Vogelgestalt drückt die Zugehörigkeit zur Region des Himmels aus, das Erhobensein über die Menschenwelt durch die Leichtigkeit der Feder. Symbolkundlich soll damit nicht eine im physischen Sinne 'flugfähige' Gestalt konstruiert, sondern die Körperlichkeit durch die Signatur des Sich-erheben-Könnens über die Erdenschwere aufgewertet werden."[57]

[57] H. Biedermann (hrsg. v. G. Riemann): Knaurs Lexikon der Symbole. München 1989, 148.

Sagen, Märchen und Mythen erzählen uns von der Kontrastfigur des Engels, von den Boten des Teufels – der Hexe. Auch sie agiert wie die Beauftragten des

9.0

Himmels ohne den Zwang der irdischen Schwerkraft. Hexen reiten durch die Lüfte – auf einem Bock oder einem Besen. Wie unterschiedlich auch immer die Aufgaben der hier erwähnten Wesen sind, gemeinsam ist ihnen die Eigenschaft des „Erhobenseins über die Menschenwelt" durch Befreiung von der Schwerkraft der Erde.

Die Science-Fiction-Stoffe – so banal sie auch vielfach konstruiert sind – zeigen uns, dass sie nicht nur dem menschlichen Traum der Befreiung von der irdischen Gravitation entgegenkommen. Dient doch die erwünschte Fähigkeit des Fliegens, des Entfliehens aus den irdischen Zwängen der Gravitation dem Zweck, sich von den zeiträumlichen Bedingungen des Denkens und Handelns zu befreien. Geflogen wird über räumliche Grenzen und über die Grenzen des Gegenwärtigen – in die Zukunft, in die Vergangenheit. Ein solcher Vorstoß zu neuen Dimension wird von unterschiedlichen Motivationen getrieben. Es fragen die einen „Was ist – die Welt, die materielle Welt?"; es fragen andere „Was bedeutet – diese Welt, die geistige Welt?"

Wir gingen mit dem Astrophysiker Harald Lesch von der Fragestellung aus: „Sind wir allein im Universum?" und „Warum fasziniert uns diese Frage so, dass sie eine ganze Literatur (Science-Fiction) erzeugt?" Man möchte meinen, solange keine Partner im All – intelligente Lebewesen – dingfest gemacht werden, sucht die menschliche Phantasie nach virtuellem Ersatz in Wort und Bild. Dass die Science-Fiction-Produktionen sich häufig in militanten, brutalen Szenarien abspielen ist sicher keine Vorwegnahme der kosmischer Zukunft, sondern vielmehr Ausdruck irdischer Gegenwart.

Liegt dem Weltraumkult ein solcher Verdrängungsprozess zugrunde, so sind Zukunftsvisionen vom Menschlichen – Vordringen ins All, Befreiung von den Fesseln der irdischen Schwerkraft, um wie ein Vogel fliegen zu können und der technologische Fortschrittsglaube – ursprüngliche Sujets.

Die Wirklichkeit, die wir alltäglich von und in unserer Umwelt erfahren, ist zunächst, die ganz persönliche Erfahrung des Einzelnen. Erst die weitgehende Übereinstimmung sinnlicher Erfahrungen unter den Mitmenschen führt zu intersubjektiven Urteilen. Die Kapazität und aber auch die Grenzen der sinnlichen Wahrnehmung haben wir erkennen können: Wir leben im räumlichen Umfeld von Quadern, die visuelle Wahrnehmung orientiert sich innerhalb eines Netzes von Waagrechten und Senkrechten und deren Begrenzung im Horizont, die Markierung von Oben und Unten erfolgt durch die Wirkung der irdischen Schwerkraft, diese verleiht uns und den Dingen messbares Gewicht. Die Kraft unserer

Sinnesorgane findet ihre Grenze in der globalen Erfassung der Erde als Kugel. Die ursprüngliche Aufgabe der menschlichen Sinne ist vielmehr darauf gerichtet, sich in der irdischen Umwelt zu Recht zu finden, ja, in dieser zu überleben.

Eine andere Wirklichkeit erleben die Astronauten auf dem Fluge um die Erde in der Schwerelosigkeit. Dort geht ihnen das irdische Orientierungsvermögen verloren: Die Waagrechte des Horizonts entfällt, die Senkrechte und damit das Oben und Unten entfällt, das Eigengewicht und der gewohnte Tag- Nacht- Rhythmus entfallen. Der Astronaut gewinnt den ersten unmittelbaren Eindruck von der Erde als Kugel. Die globale Wahrnehmung der Erde aus dem All gibt Anlass, über die eingeschränkte irdische Wirklichkeit nachzudenken: Die Einschränkung des irdischen Erlebens durch die Kraft der Gravitation mag der Ursprung für die menschliche Sehnsucht sein, sich von deren Fesseln zu befreien: Frei von den Fesseln der Zeit – der Wunsch, in die Zukunft zu sehen, frei von den Fesseln der Schwerkraft – der Wunsch, in die Zukunft zu sehen, frei von den Fesseln der Schwerkraft – der Wunsch, sich im Kosmos fliegend zu bewegen. Offensichtlich sind auch dies die Antriebskräfte für das Produzieren und Konsumieren von Science-Fiction-Geschichten.

Zwischen zwei Wirklichkeiten gedanklich zu pendeln – eine, die wir auf Erden unmittelbar erfahren und die andere, die uns aus und über den Kosmos vermittelt werden. So wissen wir, dass die Sonne ein Fixstern ist und die Erde sich um die eigene Achse drehend die Sonne als Planet umkreist. Dennoch sprechen wir unbekümmert von „Sonnenaufgang" und „Sonnenuntergang", obwohl diese weder „geht" und schon gar nicht „auf" und „nieder". Die eingeschränkte irdische Wahrnehmung bestimmt unser sprachliches Repertoire, und für kosmische Tatsachen fehlen uns oft die Worte. Denn beschrieben wir den Prozess des „Sonnenuntergangs" nach seiner kosmischen Wirklichkeit – etwa als „Abwenden der Erde von der Sonne", würde uns zunächst niemand verstehen. Oder wie sollen wir die körperliche Haltung eines Astronauten im All benennen – als „stehen" bzw. als „liegen" –, wenn solche räumliche Definitionen in der kosmischen Wirklichkeit keinen Sinn machen? Unsere sprachliche Ausdrucksweise wird sich auf die kosmische Wirklichkeit hin entwickeln müssen, will man sich allgemein verständlich machen können.

Die Spannung zwischen den zwei genannten Wirklichkeiten eröffnet zwei Bilder der Erde:
Einerseits unseren Horizont, der den Himmel als Oben, und die Erde, auf der wir uns befinden, als Unten markiert. Für den Astronauten verschwindet diese Trennung. Dort im All ist die Erde ein runder Himmelskörper, sie ist integrierter Teil

9.0

des „Himmels" – aus kosmischer Sicht. Aber wird man nicht eine sprachliche Trennung finden – zwischen „Himmel" einerseits und „Kosmos" oder „Universum" andererseits? Herrscht nicht eine semantische Unschärfe der Begriffe? „Kosmos", „Universum", „All", „Welt", „Weltall", haben vielleicht das Eine gemein, dass Astrophysiker das erreichbare Inventar beschreiben und messen. Während der „Himmel" ein breites Spektrum von symbolischen Werten abdeckt – also ein Gebiet der Geisteswissenschaften und nicht der Naturwissenschaften. Befinden wir uns mit dem Begriff des „Himmels" bereits in einer dritten Wirklichkeit?

Der Versuch von Antworten erzeugt neue Fragen. Die Fragen bleiben, die Antworten schließlich scheitern an den Grenzen menschlichen Denkvermögens. So ziehen wir uns zurück auf das, was wir für wahrnehmen – auf unsere sinnliche Wahrnehmung. Denken und Wahrnehmen sind zwar keine Kontraste, die sich gegenseitig ausschließen, dennoch markieren sie unterschiedliche Wege, sich der Wirklichkeit zu nähern.

So suchen wir die annähernde Erfahrung von einem endlosen Universum – etwa in der meditativen Betrachtung des nächtlichen Himmels. Bei wolkenfreiem Wetter sehen wir uns konfrontiert mit unzählbaren Lichtern auf schwarz-blauem Grund wie unter einer fernen Kuppel: Der Himmel und seine Himmelskörper über uns. Groß allein und damit nahe erscheint uns der Mond, der sich sein blasses Licht von der Sonne leiht. Wenn sich unser Blick in der endlosen Höhe der Nacht zu verlieren droht, mag uns schwindlig werden – bis wir uns als Zuschauer dieser nächtlichen Inszenierung wieder auf festem, unbeweglichen Boden fühlen.

Dabei empfinden wir nichts von unserem Stehen auf einer sich bewegenden Kugel. Das ist der Blick von der Erde in das All der leuchtenden Himmelskörper – soweit das die Augen vermögen. Und von dort zu uns? Was kann uns das fliegende Instrumentarium berichten, das Menschen ins All auf Erkundungsreise schickten?

13 Jahre nach ihrem Start und sechs Milliarden Kilometer von der Erde entfernt hat die Raumsonde „Voyager" – gemäß ihres Auftrags – Fotos von den Planeten unseres Sonnensystems zur amerikanischen Beobachtungsstation gesandt. Einer der dort arbeitenden Wissenschaftler berichtet, dass er von einem dieser Fotos aus dem Weltall Stäubchen von dessen glänzender Oberfläche gewischt hätte, dabei habe sich ein vermeintliches Körnchen als fotografische Darstellung eines schwach beleuchteten Planeten identifizieren lassen: der Planet Erde – als eine fast beiläufige Winzigkeit.

„Die ganze Welt ist ja vor dir wie ein Stäubchen…" (Weish 11,22). So werden dem Bewohner des Planeten Erde zwei extrem verschiedene Eindrücke von seinem Himmelskörper vermittelt. Der auf der Umlaufbahn fliegende Raumfahrer sieht eine gewaltig große Erdkugel vor sich – im Vergleich zu Sonne, Mond und den Gestirnen. Hingegen verdeutlicht uns die Raumsonde „Voyager" ein Bild von der Erde als eine unauffällige Winzigkeit unter einer unermesslichen Vielzahl von Himmelskörpern. Ein dritter Eindruck von der Erde – die alltägliche und immer währende Erfahrung – ist das aufrechte Stehen auf festem Boden und darüber der Himmel. Das Haften an einer Planetenkugel ist unserer sinnlichen Wahrnehmung fremd.

Die Verwandlung des Kosmos (Bruce J. Malina)[58]

„Astralprophetie ist natürlich ihrem Wesen nach vertikal orientiert. Sie gründet in einer gegenwartsorientierten Dimension von Oben nach Unten. Dieser Aspekt impliziert eine Wahrnehmung von Macht, die durch himmlische Wesen und Ereignisse beeinflusst wird, und die konsequente Kontrolle über das soziale menschliche Leben ausübt. Die räumliche Perspektive von Oben nach Unten kann allerdings auch übersetzt werden in eine horizontale Orientierung des 'Jetzt und Später'. Auf diese Weise wird die kosmische Reise des Propheten, in der es um die Erklärung der Gegenwart geht, zu einer zukunftsorientierten Ideologie sozialen Wandels. Mit anderen Worten: Astralprophetie scheint in sich selbst die Tendenz zu bieten, die vertikale Astronomie des Sehers in einer Ideologie zukünftigen kosmischen Wandels zu 'horizontalisieren', in der die Welt zu einem Ende kommt und eine andere Schöpfung 'aus dem Nichts' erscheint. Die Ideologie sozialen Wandels ist stets der horizontale 'fallout' der Astralprophetie. Diesem Vorgang vergleichbar ist, wenn eine Zeitkategorie – wie Nacht – in eine Raumkategorie – etwa Grenze – konvertiert wird. Zeit kann wie Raum besetzt und von Menschen so behandelt werden. Das nächtliche soziale Leben in urbanen Regionen der Vereinigten Staaten ähnelt dem sozialen Leben früherer Landpioniere (s. Melbin 1978). In gleicher Weise kann man ein Raumkonzept – wie Himmel – und seine Dimensionen in ein Zeitkonzept – wie bald bzw. zukünftig – konvertieren.
Dies scheint genau das zu sein, was spätere Leser der Johannesoffenbarung getan haben (wie die Johannesoffenbarung im Verlaufe der Geschichte gelesen worden ist, beschreiben Kretschmar 1985; Berger 1976; Landes 1988; Verbeke u.a. 1988). Man liest das Werk jenseits der tatsächlichen Astralszenarios als ein rein literarisches Werk, das eine Anzahl von Vorstellungen vermittelt. Dabei bleiben die vertikalen Aspekte der Himmelsdimensionen selektiv unbeachtet, während die Vorstellungen des Buches zu einer horizontalen 'Apokalyp-

[58] Malina, Bruce J.: Die Offenbarung des Johannes. Sternvisionen und Himmelsreisen, Stuttgart 2002, 273f.

9.0

tik' führen. Und diese 'Apokalyptik' wird dann leicht adaptierbar zur linearen Zeit und 'eschatologischen' Zeitplänen.

Es scheint ziemlich sicher zu sein, dass die antiken Bewohner der Mittelmeerwelt nicht zukunftsorientiert waren. Mit anderen Worten: Es gibt nichts in der Johannesoffenbarung, das sich auf die Zukunft bezieht. Selbst das neue Jerusalem ist schon im Prozess des Herabkommens begriffen! Das liegt daran, dass der Autor des Buches und seine Adressaten sich für ihre Gegenwart interessierten und für jene Dimensionen menschlichen Lebens, die unmittelbar in ihrer Gegenwart ihren Grund haben, d.h. das, was in Kürze geschieht (s. Malina 1989). In gleicher Weise sind die astralprophetischen Erzählungen an der Gegenwart und an dem, was in Kürze geschieht, interessiert, denn es ist irgendwo schon vorhanden oder in einer bestimmten Form vorhanden. Tatsächlich können himmlische Phänomene Informationen über „die Zukunft" nur darum bereitstellen, weil diese Zukunftsinformation in der gegenwärtigen Situation und dem Verlauf des Himmels wurzelt. Himmlische Voraussagen haben ihre Wurzeln in der Vergangenheit, der Gegenwart und dem, was in Kürze geschieht.

Was können wir uns dann religiös aus diesem Buche aneignen? Vermutlich ist eine unserer fundamentalen religiösen Schwierigkeiten heutzutage die der kosmischen Orientierung. In einem Kosmos ohne Zentrum fällt es uns schwer, jenen Sinn kosmischen Wohlergehens zu entwickeln, der unseren Vorfahren im Glauben noch zugänglich war. Wir müssen uns zuhause fühlen auf einem extrem unbedeutenden Planeten, in einem unvorstellbar enorm expandierenden Universum. Vielleicht eröffnet uns eine Kontemplation zusammen mit dem Seher von Patmos, die sich auf den Gott des Himmels als dem wahren Zentrum des Kosmos konzentriert, Einsicht in unseren angemessenen Platz in der Schöpfung. Mit Johannes können wir Jesus als den in der Tat wahren Besitzer kosmischer Macht betrachten, der von Gott designiert wurde, um alle Dinge des Universums nach dem Willen des Schöpfers wiederherzustellen. Dank der Astralprophetie des Johannes wissen Christen, wer Jesus ist und was er tut. Sein Zeugnis befähigt uns, Verführung zu vermeiden und ein christliches Gefühl von Zuhausesein in einem expandierenden Kosmos zu entwickeln. Vielleicht kann die Sühnevorstellung, die die religiösen Probleme, die unsere Glaubensvorfahren plagten, löste, zusammen mit dem Zuhausesein, das wir brauchen, um unsere modernen Probleme mit der Religion ins Reine zu bringen, im Mittelpunkt stehen."

„Und ich sah: Das Lamm öffnete das sechste Siegel. Da entstand ein gewaltiges Beben. Die Sonne wurde schwarz wie ein Trauergewand, und der ganze Mond wurde wie Blut.

Die Sterne des Himmels fielen herab auf die Erde, wie wenn ein Feigenbaum seine Früchte abwirft, wenn ein heftiger Sturm ihn schüttelt. Der Himmel verschwand wie eine Buchrolle, die man zusammenrollt, und alle Berge und Inseln wurden von ihrer Stelle weggerückt. Und die Könige der Erde, die Großen und die Heerführer, die Reichen und die Mächtigen, alle Sklaven und alle Freien verbargen sich in den Höhlen und Felsen der Berge. Sie sagten zu den Bergen und Felsen: Fallt auf uns und verbergt uns vor dem Blick dessen, der auf dem Thron sitzt, und vor dem Zorn des Lammes; denn der große Tag ihres Zorns ist gekommen. Wer kann da bestehen!" (Offb 6,12-17)

Der Mensch – eine Eintagsfliege im Kosmos? Vom weltanschaulichen Kurzschluss einer Theologie, die sich von der Größe des Weltalls beeindrucken lässt (Hans-Dieter Mutschler)[59]

[59] Hans-Dieter Mutschler (Physiker und Theologe, Frankfurt), in: Publik-Forum, Nr. 15, 2002.

„Dass Gott mit den Galaxien Golf spielen könnte, wie Peter Rosien kürzlich in Publik-Forum rätselte (10/2002), scheint doch ein wenig abwegig. Allerdings: Der Kosmos war schon immer ziemlich groß für den Menschen, aber er ließ sich ertragen, solange wir glauben konnten, in seinem Mittelpunkt zu stehen. Oder anders gewendet: Er hätte auch noch größer sein können, so lange wir nur im Mittelpunkt standen. Als sich bei Kopernikus und Kepler herausstellte, dass sich die Erde um die Sonne drehte und nicht etwa umgekehrt, bedeutete dies für viele Menschen eine 'Kränkung', vor allem wenn sie religiös waren, denn sie dachten, dass sie im Mittelpunkt stehen müssten, wenn Gott sie gewollt hätte. Nachdem sich das heliozentrische gegenüber dem geozentrischen Weltbild durchgesetzt hatte, trösteten sie sich (übrigens auch Kepler selbst) mit dem Gedanken, dass es für die Sonne – als Symbol Gottes – angemessener sei, im Mittelpunkt der Welt zu stehen, als für die Erde, dem Wohnort der Menschen.
Aber mit dieser Symbolisierung war es dann auch nicht so weit her. Seitdem wir wissen, dass es viele Sonnen gibt, Sonnensysteme, genannt 'Galaxien', dass verschiedene Galaxien umfassendere Einheiten bilden und dass vor allem der Kosmos in jeder Hinsicht gleich aussieht, also keinen Mittelpunkt, keine Peripherie und überhaupt keine erkennbare geometrische Struktur aufweist, wirkte dies auf viele Menschen wie eine kosmologische Demütigung, vor allem in Anbetracht der immensen Räume und Zeiten, angesichts deren der Mensch noch nicht einmal eine Eintagsfliege zu sein scheint, sondern das schiere Nichts. Und dieses Nichts soll Gott gewollt haben, und um seinetwillen sollte der ganze kosmologische Zauber stattgefunden haben? Welche Absurdität!
Hinzu kam, dass der Kosmos, je präziser man ihn berechnen konnte, keinerlei Anzeichen von Sinn, Zweck, Ziel oder Norm aufwies. Der Physiker Steven Weinberg: 'Je begreiflicher uns das Universum wird, umso sinnloser erscheint es auch.' Ist also der Mensch 'ein Zigeuner am Rande des Universums, das für seine Musik taub ist' (Jacques Monod)? Ist also der Atheismus eine logische Konsequenz?

9.0

So plausibel, wie dies klingt – es stecken doch zwei Probleme hinter diesem weltanschaulichen Kurzschluss, ein psychologisches und ein philosophisches:

Das psychologische Problem ergibt sich daraus, dass man die Unendlichkeit des Weltalls auch als positive Metapher für die Unendlichkeit Gottes lesen kann. So hat Giordano Bruno im 16. Jahrhundert reagiert, als er zum ersten Mal über die Unendlichkeit der Welt spekulierte. Er argumentierte gerade anders herum: Es sei einem unendlichen Gott allein angemessen, ein unendliches Weltall zu schaffen, so dass ein kleineres dieses Gottes unwürdig wäre. Wie man sich gegenüber den unendlichen Weiten des Alls verhält, scheint also wesentlich von psychologischen Voreinstellungen abhängig zu sein und nicht etwa vom All selbst.

Ein eminent philosophisches Problem ergibt sich jedoch aus der Frage nach dem Verhältnis von Quantität und Qualität. Quantitativ gesehen ist der Mensch in der Tat eine völlig vernachlässigbare Größe. Qualitativ gesehen ist er hingegen das mit Abstand komplexeste Wesen, das wir kennen. Allein im menschlichen Gehirn sind 100 Milliarden Neuronen auf undurchschaubar komplizierte Weise vernetzt. Kein Mensch weiß im Grunde, wie das Gehirn funktioniert, und wir haben große Chancen, es nie zu wissen, weil es einfach zu komplex ist.

Andererseits ist der Kosmos, verglichen mit dem menschlichen Gehirn, ziemlich 'langweilig'. Er besteht zum größten Teil aus Nichts, das heißt aus Vakuumfluktuationen minimaler Energie, zu 99 Prozent aus den simpelsten Elementen wie Wasserstoff oder Helium. Die Sterne müssen langwierige und komplizierte Phasen durchlaufen, um überhaupt nur ein Eisen- oder Kohlenstoffatom hervorzubringen. Bedenkt man, wie unwahrscheinlich weiter das Entstehen von Makromolekülen, von Einzellern, Pflanzen, simplen Tieren bis hin zum Menschen ist, so gilt schon rein naturwissenschaftlich: Diese große kosmische Maschinerie war durchaus nötig, wenn es den Menschen geben sollte.

Es ist daher im Grunde ganz unverständlich, wenn viele Menschen die Ausmaße des Kosmos als einen Hinweis auf die Nichtexistenz Gottes oder zumindest als Negation des christlichen Schöpfungsglaubens deuten. Wer dieses tut, stellt Quantität über Qualität, was im Zeitalter der Globalisierung nahe liegt. Wir sprechen heute sogar von „Humankapital", das heißt, wir machen in unserem Wahn der monetären Quantifizierung auch nicht vor dem Menschen Halt.

Nicht nur philosophisch, auch theologisch ist die Priorität des Quantitativen vor dem Qualitativen unsinnig, denn die jüdisch christliche Offenbarung hat sich schon immer gegen die Quantität entschieden. und dies in einer radikalen Weise: Die Juden waren eines der unbedeutendsten, verachtetsten Völker der Antike, Nichtse – verglichen mit den Ägyptern, Assyrern, Babyloniern oder auch Römern. Nazareth war ein winziges Dorf, verglichen mit der Hauptstadt Jerusalem, und Jesus war ein völlig machtloser Wanderprediger, verglichen mit dem damaligen religiösen Establishment in Jerusalem und seiner von den Römern geliehenen Pracht und Macht.

Christlich gesehen ist die Wahrheit ein winziges Kind in der Krippe. Vielleicht haben wir diese Entthronung der Macht und das Lob des Schwachen und Unbedeutenden vergessen, wenn uns die machtvolle Erscheinung des Kosmos so imponiert, dass wir glauben, er wäre zu groß für Gott. Vielleicht ist einfach nur unser Glaube zu klein für ihn.

Man bedenke, mit welcher Frechheit die antiken Juden den Gestirnglauben der heidnischen Kosmologien entmythologisierten. Glaubten die Babylonier an die göttliche Macht der Gestirne, so waren für die Juden – laut Schöpfungsbericht – Mond, Sonne und Sterne nur noch Funzeln, damit man halt was sehen kann. Diese nassforsche Art sollte man sich zum Vorbild nehmen. Die Gestirne sind weder Götter, noch taugen sie zum negativen Gottesbeweis. "

EIN NEUES LOBLIED

„Wenn wir über Gott sprechen, ist es immer mehr falsch als richtig" (Thomas von Aquin). Das ganz Andere, den ganz Anderen können wir schließlich nur mit unseren hiesigen Möglichkeiten denken oder im Gebet anrufen. In einem Loblied bezeugt der schweizer Professors für Astrophysik, Arnold Benz,[60] jene Weite des Denkens und Fühlens: Heimat im Weltall.

[60] A. Benz: Die Zukunft des Universums. Zufall, Chaos, Gott?. München 2001, 69-71.

„Der Kosmos rühmt Gottes Größe,
und die Geschöpfe loben den Meister;
von Galaxie zu Galaxie
breitet sich das Wissen aus;
eine Generation raunt es der Nächsten zu
mit unüberhörbarer Sprache, auch ohne Bits.

Vom Rand des Universums
in 10^{23} km Entfernung
braucht das Licht der Quasare zehn Milliarden Jahre,
um unsere Teleskope zu erreichen.
Hundert Milliarden Galaxien entgleiten
im expandieren Raum,
und wieder Hundert von Milliarden Sterne
drehen sich wie eine Töpferscheibe
um den geheimnisvollen Kern jeder Galaxie.
Der Sonne Glanz,
pro Sekunde das Millionenfache

des jährlichen Energiebedarfs der Menschen,
und die Fülle der Erde haben
Millionen Arten von Lebewesen hervorgebracht,
jedes einzelne ein Wunder
an Zweckmäßigkeit und Schönheit.
Hoch molekulare chemische Vorgänge in den Zellen
ermöglichen das Leben.
Sie werden durch Millionen von Genen gesteuert,
Kunstwerke aus Tausenden von Nukleotiden,
und jedes von diesen wiederum
ein Doppelring aus einem Dutzend Atomen.
Atomkerne, von Elektronenwolken umkreist,
sind im Verhältnis zur Erde so klein wie diese im Vergleich zum ganzen
Universum.
Sie alle künden von seiner Weisheit.
Ihre Sprache sind nicht die Wissenslücken,
sondern die Vollkommenheit
der Symmetrie und Gesetze,
von denen viele noch nicht kennen.
Ihre Beständigkeit lässt uns die zeitlose Treue Gottes erahnen.
Doch sind die Grenzen nicht starr, auch im Zufall geschieht sein Wille.

Alle Dinge im Universum,
vielleicht auch das Universum selber,
werden nach Gesetz und durch Zufall zerfallen.
Der Tod scheint die Welt zu beherrschen.
Aber auch völlig Neues ist entstanden, das noch nie zuvor war.
Unerwartet konnten sich neue Dimensionen und Formen entwickeln.
Aus Karfreitag hat Gottes Güte Ostern werden lassen,
in der Verzweiflung einer großen Katastrophe
entstand Neues nach seinem Willen.
Das gibt uns Hoffnung in unserem eigenen Tod
und für die Zukunft des Alls.

Jede Sekunde, die durch unser Herz und
das ganze Universum tickt,
ist eine neue Schöpfung.
Sie lässt uns die Nähe des Schöpfers
und seines Wirkens spüren.
In jedem Augenblick stirbt ein Altes, entsteht ein Neues, entwickelt sich die Welt.

In der Zeit ist die Gegenwart Gottes eingeprägt.
Wir können sie nachlesen im Buch der Evolution,
in dem wir selber einen Abschnitt bilden.
Gottes Wirken übersteigt das Wissen
in unseren Datenbanken.
Nähern wir uns ihm mit Ehrfurcht,
so werden wir empfänglich
für die Vollkommenheit der Gesetze,
offen für das Neue, das uns in Jesus entgegentritt,
dann wird uns die Nähe Gottes bewusst
in Raum und Zeit.
Mögen Dir meine Bilder und Formen gefallen,
und meine innersten Gedanken zu Dir gelangen,
Gott, Du mein Zentrum und Ursprung des Alls!"

Literatur

BENZ, ARNOLD:
Die Zukunft des Universums. Zufall, Chaos, Gott?. München 2001.

BIEDERMANN, HANS:
Knaurs Lexikon der Symbole (hrsg. v. Gerhard Riemann). München 1989.

BIESINGER, ALBERT / STRACK, HANS-BERND, mit Beiträgen von CHRITOPH SCHMITT:
Gott, der Urknall und das Leben. Was Glaube und Naturwissenschaften voneinander lernen können.
München 1996.

BRAUN, GERHARD:
Grundlagen der visuellen Kommunikation. München ^{2}1993.

BÜLOW, RALF: Weltraum

DEUTSCHE PHYSIKALISCHE GESELLSCHAFT: Sind wir allein im Universum. Bad Honnef 2001.

GREGORY, RICHARD L.:
Auge und Gehirn. Zur Psychophysiologie des Sehens. München 1966.

JUNG, CARL GUSTAV:
Der Mensch und seine Symbole. Solothurn / Düsseldorf 1993.

MALINA, BRUCE J.:
Die Offenbarung des Johannes. Sternvisionen und Himmelsreisen. Stuttgart 2002.

MUTSCHLER, HANS-DIETER:
Der Mensch – eine Eintagsfliege im Kosmos? Vom weltanschaulichen Kurzschluss einer Theologie,
die sich von der Größe des Weltalls beeindrucken lässt. In: Publik-Forum, Nr. 15, 2002.

NIEDRIG, HEINZ (Hg.):
Optik. Berlin / New York 1993.

STEINMÜLLER KARLHEINZ: Weltraum

STRACK, HANS-BERND: Skizze des physikalischen Weltbildes.
In: ALBERT BIESINGER, HANS-BERND STRACK, mit Beiträgen von CHRISTOPH SCHMITT:
Gott, der Urknall und das Leben. Was Glaube und Naturwissenschaften voneinander lernen können,
München 1996, 129-178.

TANRIVERDI, JULIDE:
Reinhard Furrer. Das Summen des Universums. Ein Astronautenleben. Frankfurt a. M. / Berlin 1995.

WILP, CHARLES: Raumfahrt

Das Science-Fiction-Jahr 1993. München 1993